Richard Robinson

Immer der Falsche!
Warum die Liebe macht, was sie will

Richard Robinson

Immer der Falsche! Warum die Liebe macht, was sie will

Deutsch von Thomas Bauer
Mit Illustrationen von Petra Dorkenwald

Goldmann Verlag

Die englische Originalausgabe erschien 2006 unter dem Titel
»Why the one you fancy never fancies you«
bei Constable & Robinson Ltd, London.

FSC
Mix
Produktgruppe aus vorbildlich bewirtschafteten Wäldern und anderen kontrollierten Herkünften
Zert.-Nr. SGS-COC-1940
www.fsc.org
© 1996 Forest Stewardship Council

Verlagsgruppe Random House FSC-DEU-0100
Das für dieses Buch verwendete FSC-zertifizierte Papier *EOS*
liefert Salzer, St. Pölten.

1. Auflage

Satz: Uhl + Massopust, Aalen
Druck und Einband: GGP Media GmbH, Pößneck
Printed in Germany
ISBN 978-3-442-31155-2

www.goldmann-verlag.de

Für die Familie Bennett-Houlton:
Leoni, Simon und Miriam

Inhalt

Einleitung

Murphys Gesetze gelten für die meisten Lebensbereiche. Besonders gut funktionieren sie bei zwischenmenschlichen Beziehungen, da die treibende Kraft hinter diesen Gesetzen Leidenschaft ist – und Leidenschaft ist auch die Triebkraft der Liebe. Alle in diesem Buch vorgestellten Gesetze lesen sich am besten mit einem tiefen Seufzer der Verzweiflung.

Was schiefgehen kann, wird auch schiefgehen.

Murphys Gesetze der Liebe sind natürlich durch die Bank pessimistisch.

Alles geht schief, nichts geht jemals gut.

Kein Happyend.

Wie viel Charme und Verzauberung man auch aufbringt, die oder der Angebetete weigert sich beharrlich, ebenfalls Gefallen an einem zu finden. Stattdessen wird man den ganzen Tag von jemandem auf Schritt und Tritt verfolgt, der einen einfach nicht in Ruhe lassen will. Eigentlich sollte das Logo für dieses Buch ein Dreieck ohne Enden sein, in dem jedem jemand anderer gefällt, dem jemand anderer gefällt, dem jemand anderer gefällt...

Doch genug Trübsal geblasen – all diesen Murphy-Gesetzen haftet eine heiter-sympathische, kriegsmüde Jovialität an. Der Geist des Luftschutzbunkers ist lebendig, und Vera Lynn, Liebling der britischen Armee, singt:

We'll meet again, don't know where, don't know when,
But I know we'll meet again, some sunny day.
I'll text you next week sometime, maybe.

Wir wissen, dass wir alle zum Scheitern verurteilt sind, doch aus irgendeinem Grund sind wir gezwungen, uns immer und immer wieder auf den Feind zu stürzen.

Das **1. Kapitel, Rollen, neigen und gieren** nimmt *Sie* unter die Lupe, denn wenn wir »Sie und die anderen« betrachten wollen, sollten wir zunächst einen Blick auf *Sie* werfen, ehe wir uns den *anderen* widmen – und Sie sind gar nicht so leicht zu erkennen. Seien wir doch ehrlich, wir haben alle etwas verschwommene Konturen und sind uns unserer Identität nicht vollkommen sicher. Einer der Gründe dafür wird im 1. Kapitel skizziert und spielt eine zentrale Rolle in diesem Buch: Unser Gehirn bedient sich so genannter »Spiegelneuronen«, um die Umwelt zu reflektieren und daraus unser inneres Selbstbild zu entwerfen. Bei einigen dieser Widerspiegelungen handelt es sich um die Meinungen anderer, die wir auf sie zurückstrahlen und die sie wieder auf uns zurückreflektieren – hin und her und her und hin –, was zur oben erwähnten Verschwommenheit führt. Ihre drei wichtigsten Einflüsse, oder »Spiegel«, sind Ihre Familie, Ihre Freunde und Ihre Gene. Wir werden uns ansehen, wie *Sie* aus einer Mischung dieser drei hervorgehen.

Das **2. Kapitel, Männer und Frauen: auf Kriegsfuß** nimmt die *anderen* unter die Lupe. Was geht im anderen Geschlecht vor? Wir stellen uns vor, dass ein riesiger Unterschied zwischen Männern und Frauen besteht, und alle Murphy-Gesetze basieren auf diesem fürchterlich einfältigen Kasperletheater. Die hier ausgewählten Gesetze gehören zu den zahmsten, wenngleich man ihnen das auf den ersten Blick nicht ansieht. Sie gewähren jedoch einen interessanten Einblick in die Art und Weise, wie wir die Welt festlegen. Wir alle sind so genannte »Differenzmaschinen« – unfähig, genau zu messen, aber gerne bereit, Sachen miteinander zu vergleichen. Um den Vergleich zu vereinfachen, werten wir die Unterschiede auf. Ganz egal, ob wir zwischen Farben, Ethnien oder Geschlechtern unterscheiden, unser Gehirn vergrößert noch den kleinsten Unterschied, um uns die Differenzierung zu erleichtern. Das ist weder berechnend noch krankhaft, sondern einfach nur praktisch. Unsere Differenzmaschine hat sich weiterentwickelt, um uns das Leben einfacher zu gestalten. Je wichtiger uns etwas ist, desto mehr Unterschiede erkennen wir. Die Inuit, die in Kanada und Grönland lebenden Eskimos, verfügen beispielsweise über 32 Wörter für das, was wir »Schnee« nennen. Wir verfügen dafür über 32 000 Wörter für das andere Geschlecht, von denen nicht alle druckbar sind.

Das **3. Kapitel, Partnersuche mit Hindernissen** schickt uns auf die Jagd nach Liebe. Dabei werfen wir einen Blick auf die ganze strapaziöse Schauspielerei, der es bei der Partnersuche bedarf. Auf all das Getue und Gehabe. Unser Führer durch diese Sektion ist der begnadetste Mime der Tierwelt: der Laubenvogel. Er zeigt uns, wie man Mode kopiert und anderen Ideen klaut, um bei potenziellen Partnern den bestmöglichen Eindruck zu hinterlassen. Außerdem werfen wir einen staunenden Blick auf den Pfau, den sein elegantes Federkleid zum Krüppel macht. Sind wir womöglich kein Stück besser als diese beiden?

Das **4. Kapitel, Auf Herz und Nieren** ist vor allem für diejenigen von Interesse, die noch immer auf der Suche nach ihrem Traumpartner sind. Welcher Kriterien bedienen wir uns bei der Beurteilung potenzieller Partner? Offenkundig keiner besonders schlauen. Hier erfahren Sie, dass die optische Ähnlichkeit zwischen dem Gehirn und einem Haufen Würstchen nicht nur dem ersten Anschein nach besteht. Wir bedienen uns gewohnheitshalber einer Würstchen-Logik. Die meisten Frauen, so heißt es, suchen sich ihren Ehemann in einer Beleuchtung aus, bei der sie kein Auto kaufen würden. Und der kanadische Humorist Stephen Leacock hat einmal gesagt: »So mancher Mann, der sich in Grübchen verliebt hat, begeht den Fehler, dann auch noch die ganze Frau zu heiraten.« Irren ist eben menschlich.

Gelegentlich wenden wir bei der Partnerwahl aber auch vernünftige Regeln an. Diese sind sogar ziemlich pragmatisch und rational, werden allerdings leicht vom Zufall oder aus einer Laune heraus wieder über Bord geworfen. Wissenschaftliche Untersuchungen haben zum Beispiel gezeigt, dass ein geregeltes Einkommen für Frauen das zweitwichtigste Kriterium bei einem Mann ist, weil es zukünftigen Kindern nutzen wird. Das ist doch vernünftig, oder etwa nicht? Wenn das die zweitwichtigste Sache für Frauen ist, was ist dann die wichtigste? Attraktivität! Wie sich im nächsten Kapitel zeigt, geht dabei jede Vernunft den Bach runter.

Das **5. Kapitel, Vorsicht, Rutschgefahr!** beschäftigt sich mit den Hormonen, den wahren Chefs des Unternehmens. Bislang haben wir die Hormone beiseitegelassen, denn sobald sie auf der Bildfläche auftauchen, wird alles andere bedeutungslos. Im Anhang zur Evolution der Emotionen auf den Seiten 167–172 werden einige der Gründe dafür aufgezählt, warum Hormone das Sagen haben und bereits dreieinhalb Milliarden Jahre vor unserem Auftauchen auf diesem Planeten die Herrscher waren. Trotzdem ist nicht viel über ihre Funktion bekannt. Es handelt sich bei ihnen um komplexe Moleküle, was nicht gerade dazu beiträgt, dass wir sie verstehen. Doch der Hauptgrund, weshalb wir so wenig über sie wissen, ist eher banal: Da ein Großteil der Forschung von der Industrie betrieben wird, die kein Interesse daran hat, Experimente zur Entmystifizierung der Liebe zu finanzieren, werden unsere Emotionen zwischen lukrativeren Jobs ergründet. Das passt wie die Faust aufs Auge: Untersuchungen zu Freizeitbeschäftigungen werden in der Freizeit durchgeführt.

Im **6. Kapitel, Zur Sache** sind Sie endlich mit Ihrer oder Ihrem Liebsten im Bett gelandet. Allerdings ist dieses Buch kein Sexratgeber – interessante neue Stellungen und raffiniertes Spielzeug sind hier nicht zu finden. Wir befassen uns mit Populärwissenschaft und betrachten deshalb die biologischen, psychologischen und anthropologischen Aspekte des Ganzen. Nichtsdestotrotz werden einige kuriose Entdeckungen der Wissenschaft vorgestellt, von 1000 Kilogramm schweren Testikeln bis hin zu einer Kreatur mit 11 000 Penissen.

Das **7. Kapitel, Ehe-Weisheiten** katapultiert Sie aus dem Bett vor den Altar und in den Hafen der Ehe. Der Brauch zu heiraten, mit all seinen Ritualen, sozialen Netzwerken und rechtlichen Pflichten, ist eine Eigenart des Menschen. Tiere gehen nur dann formelle Bindungen ein, wenn sie einen Menschen heiraten, was beruhigenderweise nur selten vorkommt. Der römische Herrscher Caligula soll sein Pferd Incitatus nicht nur geheiratet, sondern in einem Anfall von Vetternwirtschaft auch noch in den Senat berufen haben. Die Britin Sharon Tendler ehelichte 2005 den Delfin Cindy, und im Jahr 2006 wurde ein Sudanese von einem Gericht dazu verurteilt, eine Ziege zu heiraten, weil er sexuellen Kontakt mit ihr gehabt hatte. In diesem Kapitel beschäftigen wir uns mit Menschen, die sich allerdings auch manchmal wie Tiere benehmen.

Das **8. Kapitel, Auf Abwegen** wirft Sie nach Gerüchten und Skandalen, Schimpf und Schande, Elend und Reue am anderen Ende des Ehelebens wieder hinaus – das Übliche eben. Wie es sich für ein wissenschaftliches Buch gehört, nehmen wir Untreue streng statistisch unter die Lupe und stellen dabei fest, dass sie vorkommt, was uns trotz allem immer wieder überrascht und schockiert. Ehen werden immer mit der ganzen Armada von Hoffnungen und den besten Wünschen aller anderen eingegangen, doch wenn wir uns die Statistiken genauer ansehen würden, hätten wir vielleicht nicht nur gute Absichten, sondern würden auch gute Eheverträge abschließen. Eheverträge regeln die Aufteilung des Vermögens im Fall der Trennung. Sollten Eheverträge in Anbetracht der Tatsache, dass in der westlichen Welt jede dritte Ehe wieder geschieden wird, nicht sogar obligatorisch sein? Das kommt natürlich überhaupt nicht infrage! Es würde die Ehe jeglicher Spannung berauben und wäre, als versuchte man, mit fest angezogener Handbremse Achterbahn zu fahren.

Im **9. Kapitel, Der Kreis schließt sich** fangen wir noch einmal ganz von vorne an. Nach einer gescheiterten Beziehung können wir es kaum erwarten, die nächste Fahrt in der Achterbahn der Liebe zu beginnen. Murphys Gesetze unterstützen die zweite Ehe nach allen Regeln der Kunst. Was schiefgehen kann, wird auch schiefgehen, und zwar jedes Mal, wenn sich die Gelegenheit ergibt.

1. Rollen, neigen und gieren

Da stehen Sie nun, kurz bevor Sie aus dem Haus brausen und (wieder einmal) die Tür hinter sich zuschlagen. Was hat Sie so weit gebracht? Wer ist schuld daran, dass Ihr Leben (wieder einmal) in Trümmern liegt? Bestimmt Ihre Eltern, nicht wahr? Die sind immer schlecht gelaunt und meckern andauernd herum. Bla, bla, bla. Merken Sie denn nicht, dass Sie alt genug sind, um selbst auf sich aufzupassen? Sie sind FÜNFZEHN, VERDAMMT NOCH MAL!

Trotzdem mischen sich Ihre Eltern nach wie vor in alles ein. »Hast du die Zeltheringe gezählt? Du möchtest doch bestimmt nicht mitsamt deinem Zelt vom Sturm weggeweht werden. Und warum hast du bis jetzt gewartet, um einen neuen Reisepass zu beantragen? Das wirst du eines Tages noch bereuen, wenn es zu spät ist, und du musst daran denken, *alle* Quittungen sorgfältig aufzubewahren, und du kannst uns glauben, dass du das eine Mal, wenn du keinen Helm aufsetzt, vom Fahrrad fällst, und bitte gehe heute Abend nicht wieder zu lange aus, und ruf uns bitte an, und es ist Zeit zum Mittagessen, solltest du nicht endlich aufstehen? Und du willst doch nicht etwa *so* aus dem Haus gehen, da holst du dir ja den Tod ...«

Okay. Jetzt REICHT'S. Als Sie noch jünger waren, durften sie Sie noch so behandeln. Aber von jetzt an wird alles anders.

»Ich mache mich aus dem Staub.«

»Du bist so undankbar«, sagen sie. »Nach allem, was wir für dich getan haben.«

»Ihr behandelt mich die ganze Zeit wie ein Kind. Warum könnt ihr mich nicht wie einen Erwachsenen behandeln?«

»Sobald du dich wie ein erwachsener Mensch benimmst, werden wir dich auch wie einen erwachsenen Menschen behandeln!«

PENG!!! Wie gut das tut, dieses Geräusch. Aber wo wollen Sie jetzt eigentlich hin? Und wo wir gerade beim Thema sind, wer sind Sie überhaupt?

Ihr wahres Ich

Im Folgenden werden wir uns bemühen, Ihr »wahres Ich« zu ergründen. Da dieses Kapitel ganz offensichtlich nicht den Umfang von fünf Bänden hat, werden wir Ihnen zwar nicht einmal annähernd auf die Schliche kommen, doch wir können zumindest einen Blick auf drei wichtige Komponenten werfen.

Wen sehen Sie, wenn Sie sich morgens im Spiegel betrachten? An einem Tag finden Sie sich attraktiv, am nächsten hässlich, gestern waren Sie fit, heute halten Sie sich für fett. Was Sie sehen, ist mehr als nur Ihr Spiegelbild – es ist eine Mixtur aus drei Quellen: aus Ihnen selbst, Ihrer Familie und Ihrem Freundeskreis.

Um eine Analogie herzustellen, lässt es sich mit dem Fliegen eines Flugzeugs vergleichen, wobei es drei Komponenten zu beachten gilt: **rollen** (nach links oder rechts kippen), **neigen** (aufsteigen oder abtauchen) und **gieren** (nach links oder rechts steuern). Ihre Freunde bestimmen Ihr Rollen, Ihre Familie kontrolliert Ihre Neigung, und Ihr Ich kämpft darum, die Gierung unter Kontrolle zu halten. Wenn Ihre Mutter Ihnen sagt, wie schlau Sie sind, justiert das Ihre Neigung. Wenn Ihr bester Freund oder Ihre beste Freundin Ihnen sagt, wie egoistisch Sie sind, bringt Sie das ins Rollen. Und wenn Sie einen richtig tollen Song komponieren, verändert sich Ihre Gierung. Luftfahrtexperten bezeichnen die Kombination dieser drei Komponenten als »Lage«, somit ist die Analogie passend. Wenn der glückliche Tag kommt, an dem man sich endlich in der richtigen Lage befindet und sich mit seinen Kopiloten einig ist, ist man ungefähr fünfundzwanzig Jahre alt. Bis dahin ist man meistens am Trudeln und sieht sich jeden Morgen, wenn man in den Spiegel blickt, einem anderen Piloten gegenüber.

Nennen Sie es Clan, nennen Sie es Netzwerk, Sippe oder Familie – wie auch immer Sie es nennen, wer auch immer Sie sind, Sie brauchen es.

(Jane Howard)

Ihre Familie – NEIGUNG

Wie viel von Ihrer Persönlichkeit ist Ihr unverwechselbares, ursprüngliches Ich, mit dem Sie geboren wurden – Ihr Wesen, Ihr Geist oder Ihre Seele –, und wie viel davon ist das Resultat der Beeinflussung durch Ihre Eltern während der ersten fünfzehn Jahre Ihres Lebens? Wie jeder bestätigen könnte, der Ihrer Geburt beigewohnt hat, war Ihr essenzielles Ich – Ihr genetisches Ich – von dem Augenblick an vorhanden, als Sie das Licht der Welt erblickten, da jedes Neugeborene anders ist. Inzwischen weiß man, wie stark der Einfluss des familiären Umfelds ist. Von Geburt an besteht eine unglaublich starke Bindung zu den Eltern. Den Beweis dafür lieferte die Entdeckung der Spiegelneuronen im Jahr 1995.

Spiegelneuronen

Der Neurowissenschaftler Giacomo Rizzolatti entdeckte mit Hilfe von Magnet-Resonanz-Tomographie-Scans, dass sich menschliche Gehirne gegenseitig widerspiegeln. Wenn Person A Person B bei einer bestimmten Aktivität beobachtet, läuft im Gehirn von A genau dasselbe ab wie im Gehirn von B. Die unmittelbare Folge davon ist, dass A automatisch die gleichen Gedanken durch den Kopf gehen wie B. Die Fähigkeit, am Schmerz oder an der Freude anderer Menschen teilzuhaben, könnte man auch als »Empathie« bezeichnen. Das Problem an diesem Begriff ist allerdings, dass er impliziert, man könne es sich *aussuchen*, ob man mit jemandem mitfühlt oder nicht. Spiegelneuronen lassen sich jedoch nicht kontrollieren, da der Lernprozess nahezu automatisch abläuft. Man nimmt die äußere Wirkung, den Stil und den Geschmack seiner Familie wahr und verarbeitet diese Eindrücke, ohne lange darüber nachzudenken. Die Frage, ob wir unsere Eltern »lieben« oder nicht, spielt dabei kaum eine Rolle – wir sind ebenso ein Teil von unseren Eltern, wie unsere Eltern ein Teil von uns sind: Wir sind psychisch unzertrennlich.

Ich muss meinen Stammbaum nicht erforschen, da ich weiß, dass ich sein Ableger bin.

(Fred Allen)

Kommt man ohne Familie aus?

Das familiäre Umfeld ist das Erste, was ein Neugeborenes aufnimmt, und zwar mit Hilfe seiner Spiegelneuronen. Da Rituale und Routinen ein fester Bestandteil des täglichen Lebens sind, stellt man unter Umständen irgendwann überrascht fest, dass andere Familien anders sind. Wer es beispielsweise gewöhnt ist, vor Mahlzeiten ein Tischgebet zu sprechen, kann sich vermutlich nicht vorstellen, dass darauf bei anderen verzichtet wird. Eine Familie zu besuchen, in der einfach mit dem Essen angefangen wird, kann seltsam beunruhigend sein. Irgendetwas fehlt, und man ertappt sich womöglich sogar dabei, dass man das Tischgebet leise vor sich hin flüstert, wenn das Essen serviert wird.

Kinder von Eltern, die regelmäßig vom Sozialamt Besuch bekommen, werden eine Familie, in der nicht herumgeschrien wird, dagegen als merkwürdig still empfinden. Für Kinder aus einem solchen Elternhaus ist es nicht unbedingt beruhigend, sich plötzlich in einem ruhigen Haushalt zu befinden. Da in jedem Kind der Stil seiner eigenen Familie tief verwurzelt ist, kann es von ungewohntem Gebaren leicht verunsichert werden. Sozialämter sind daher äußerst zurückhaltend, wenn es darum geht, Kinder aus ihrem vertrauten heimischen Umfeld zu reißen, auch wenn die betreffende Familie so zerrüttet ist, dass die Kinder sich womöglich in Gefahr befinden. Man könnte sie von ihrem Schicksal erlösen, ihnen Frieden und Aufmerksamkeit schenken und sie mit allen erdenklichen materiellen Verbesserungen überschütten, und trotzdem würden sie ihrer Familie noch lange nachtrauern. Familienbande sind tief verankert und stark.

Wir sind von unüberwindlichen Gelegenheiten umgeben!

(Charlie Brown)

Ihre Freunde – ROLLEN

Sie haben die Tür zwischen sich und Ihrer Familie zugeschlagen. Sie haben die kleinlichen Regeln und die Einschränkungen Ihres Elternhauses abgeschüttelt. Sie sind endlich frei!

Weit gefehlt. In Wirklichkeit sind Sie auf dem besten Weg, sich in eine andere Form von Knechtschaft zu begeben – mit neuen Regeln, Einschränkungen, Gewohnheiten, Traditionen und Konventionen, die Ihnen in diesem Fall von Ihren Freunden auferlegt werden. Jugendliche sind die konventionellsten, regelgebundensten Menschen überhaupt. Zu Hause rebellieren sie zwar vielleicht, doch draußen auf der Straße gibt es keinerlei Rebellion. Es herrscht eine strikte Kleiderordnung, sowohl innerhalb der eigenen Clique als auch außerhalb, um dem anderen Geschlecht zu imponieren. Mädchen müssen an kältesten Abenden grundsätzlich die dünnsten Klamotten tragen. Sie haben gar keine andere Wahl: bauchfrei ist Pflicht. Jungs dürfen sich auf gar keinen Fall mit Krawatte erwischen lassen. Das Schuhwerk wird kontrolliert. Die falsche Sonnenbrille ruft höhnisches Gelächter hervor. Handymode wird endlos diskutiert, bis jeder die In-Skala auswendig kennt.

Kaum sind Sie der führenden Hand Ihrer Eltern entkommen, regieren Ihre Freunde mit eisernem Zepter und halten jedes Mitglied der Clique im Zaum. Jeder Gruppenzugehörige spiegelt die anderen mit seinen Spiegelneuronen wider, wobei spezifische Signale, Begrüßungsrituale und eine eigenständige Sprache die Konformität verstärken.

Die Texte von Rap-Songs sind ein Beispiel für extreme Sprache, die nicht weit davon entfernt ist, sich völlig vom herkömmlichen Sprachgebrauch loszulösen. Wir danken dem Schüler einer Highschool in Oakland für seine Übersetzung eines Rap-Textes von Notorious B.I.G.

Don't see my ones, don't see my guns – get it
Now tell ya friends Poppa hit it then split it
In two as I flow with the Junior Mafia
I don't know what the hell's stoppin' ya
I'm clockin' ya – Versace shades watchin' ya
Once ya grin, I'm in game, begin.

Übersetzung: »Du musst verstehen, dass du weder mein Geld noch meine Waffen haben kannst. Ich rate dir, den dir Gleichgesinnten mitzuteilen, dass wir in gewalttätige sexuelle Handlungen verwickelt sind. Momentan rappe ich mit meinen Kollegen, der Junior Mafia. Mir ist nicht ganz klar, warum du dich weigerst, dich mir zu nähern. Ich versuche, durch meine teure Sonnenbrille Blickkontakt mit dir aufzunehmen, und sobald du mit einem Lächeln reagierst, werde ich mich dir nähern.«

Die Gewohnheit heißt uns in der Wiege willkommen und verlässt uns erst im Grab.

(Robert Ingersoll)

Brauchtum und Rituale

Die Bräuche und Rituale Ihrer Freunde stärken den Zusammenhalt in der Gruppe. Cliquenbildung ist ein zentraler Aspekt der Menschheit und lässt sich auch bei unseren Verwandten, den Schimpansen, (und bei unseren Ur-Ur-Ur... Urgroßeltern, den Amöben, siehe S. 168) beobachten. Schimpansen leben zur Sicherheit im Rudel und helfen sich gegenseitig bei der Erziehung ihrer Jungen, bei der Futtersuche und bei der Jagd. In der Gruppe sind sie zehnmal effektiver, als ein Einzelner es jemals sein könnte. Die Sippe ist strukturiert und wird in der Regel von einem dominanten Männchen mit mehreren Untergebenen angeführt, während die Weibchen dafür zuständig sind, die Männchen zu bändigen sowie die Jungen aufzuziehen und zu disziplinieren. Durch gegenseitige Körperpflege wird die Bindung verstärkt. Die Rituale von Schimpansen könnte man als »Bräuche« bezeichnen, wenngleich sie weniger komplex sind als unsere. Wenn ein Affe mit diesen Bräuchen bricht und sich in den Augen der Sippe schlecht benimmt, wird er verbannt.

Da der Dschungel ein äußerst gefährliches Pflaster ist, kommt die Verbannung aus der Sippe einem Todesurteil gleich. Wird der Verstoßene nicht regelmäßig gepflegt, rauben ihm Parasiten die Kraft und machen ihn anfällig für Krankheiten. Andere Affensippen greifen ihn an. Raubtiere lauern dem kranken Affen auf, und keiner seiner Artgenossen ist zur Stelle, um ihm zu helfen.

Auf den Straßen Ihres Viertels spielt sich die entschärfte Variante desselben Dramas ab. In diesem Fall halten Gewohnheiten hinsichtlich Sprache, Bekleidung und Verhalten die Gruppe zusammen. Wer sich mit den anderen überwirft, wird verbannt. Mit dem falschen Mädchen auszugehen, mit dem Mann einer anderen gesehen zu werden – all das sind Verstöße, die mit Verbannung geahndet werden. In der Stadt ein Ausgestoßener zu sein, ist normalerweise weniger schlimm als im Dschungel und kommt nicht einem Todesurteil gleich. Wenn man allerdings in Brixton, São Paulo oder Harlem wohnt, sollte man nachts nicht unbedingt alleine unterwegs sein. Jeder braucht Freunde.

> **Ein Junge wird drei Jahre, bevor seine Eltern ihn für volljährig halten, und ungefähr zwei Jahre, nachdem er sich selbst für volljährig hält, erwachsen.**
> *(Lewis B. Hershey)*

Sie selbst – GIEREN

Was ist mit Ihrem Ich? Die dritte Komponente Ihrer »Lage« ist die mysteriöseste. Die moderne Gehirn-Scan-Technologie gibt Aufschluss darüber, was während der Pubertät im Kopf vor sich geht. Diese Veränderungen sind im Gegensatz zu denen, die gewöhnlich mit der Pubertät assoziiert werden – Brüste, Schamhaar, Wachstum, Muskelaufbau etc. –, für das bloße Auge unsichtbar, aber ebenso bedeutsam. Gehirn-Scans offenbaren ein Chaos aus Wachstum und Veränderung.

Während Sie damit beschäftigt waren, ein Kind zu sein, hat Ihr Gehirn Neuronen im Überfluss produziert, um mit der riesigen Menge an neuen Erfahrungen zurechtzukommen, die Sie beim Experimentieren mit der Welt gesammelt haben. Gehirn-Scans zeigen jedoch, dass sich die Anzahl der Neuronen mit dem Einsetzen der Pubertät und im Lauf des folgenden Jahrzehnts wieder verringert. Gleichzeitig wächst die Isolierung, von der sie umgeben sind. (Diese Isolierung besteht aus fetthaltigen Myelin-Zellen, die die Nerven ummanteln und die Signalübertragung effizienter machen.) Das deutet darauf hin, dass die Neuronen, nachdem sie mit Billionen von Verbindungen experimentiert haben, ein paar Milliarden ausgewählt haben, die sie jetzt mit Hilfe von Isolierung fixieren. Ihr endgültiges, wunderbares Ich, Ihr perfektes Ich, entsteht, sobald die Bauarbeiten in Ihrem Gehirn abgeschlossen sind.

Schmerz in anderen Regionen

Der europäische Weg durch die Pubertät wird von vergleichsweise wenigen Tränen begleitet. In vielen Kulturen dieser Welt wird der Pubertätsbeginn durch das Zufügen von Schmerzen in Form von Beschneidung, Subinzision (was darunter zu verstehen ist, möchten Sie gar nicht erfahren), Vernarbung, Ringkämpfen mit Keilern usw. markiert. Sie können wirklich froh sein, dass Ihnen das erspart geblieben ist. Ganz so froh sind Sie aber anscheinend auch wieder nicht, da Sie das dringende Bedürfnis verspüren, sich ähnlich schmerzhafte Dinge anzutun: Piercings, Tätowierungen, bauchfreie Bekleidung im tiefsten Winter. Wie es scheint, unterzieht man sich Übergangsritualen auch dann, wenn sie einem nicht von Erwachsenen aufgezwungen werden.
Außerdem ist festzustellen, dass der Lebensabschnitt Jugend in ärmeren Ländern überhaupt nicht existiert. Am offensichtlichsten ist das bei Mädchen: Der Zeitraum zwischen sexueller Reife und der ersten Schwangerschaft ist mancherorts so kurz, wie ihn die einheimischen jungen Männer machen können. Die Jungen bekommen unmittelbar nach ihrem Übergangsritual einen Schraubenschlüssel oder einen Speer in die Hand gedrückt und werden aufgefordert, sich damit an die Arbeit zu machen. Für die Krisen der Teenagerjahre bleibt also keine Zeit. Das Leben ist zu bewegt und der Tod zu nahe.

In westlichen Ländern trägt man seine Kindheit sicher verstaut in der Gesäßtasche mit sich herum, damit man sie in Zeiten der Konfusion hervorholen und in den Arm nehmen kann.

Mein Leben hat eine hervorragende Rollenbesetzung, aber die Handlung verstehe ich nicht.

(Ashleigh Brilliant)

Pubertät

Der Isolierungsprozess bei den Gehirnzellen schreitet allerdings nicht gleichmäßig voran, und deshalb verhalten sich Jugendliche wie Jugendliche. Das Zentrum des Gehirns wird im Teenageralter als Erstes fertiggestellt. In diesem Teil, dem limbischen System, haben die Emotionen ihren Ursprung. Das bedeutet, dass die Emotionen im Teenageralter mit großer Effizienz arbeiten und auf allen Zylindern laufen.

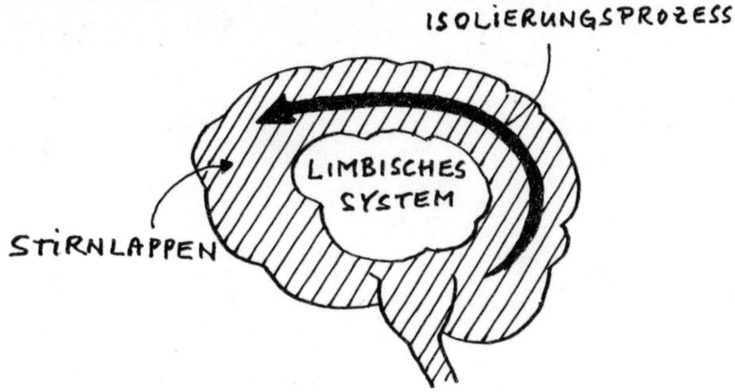

Für die Kontrolle des limbischen Systems sind die Stirnlappen zuständig, die sich um Taktgefühl, Anstand, ethisches Empfinden, Vorausplanen und den guten Geschmack im Allgemeinen kümmern. Der Haken an der Sache ist, dass die Stirnlappen als Letztes isoliert werden, da der Isolierungsvorgang vom Hinterkopf in Richtung Stirn voranschreitet. Aus diesem Grund gehen unsere Gefühle ungefähr zehn Jahre lang mit uns durch, und unser limbisches System ist nicht in der Lage, irgendetwas dagegen zu unternehmen. Wie der englische Dichter und Visionär William Blake es formuliert hat: Die Tiger des Zorns sind stärker als die Rösser der Belehrung.

Jugend ist das Stadium zwischen Kindheit und Ehebruch.

(Ambrose Bierce)

Die Lücke zwischen Geschlechtsreife und Elternschaft

Mit spätestens sechzehn Jahren ist man geschlechtsreif. Der genaue Zeitpunkt der Geschlechtsreife variiert stark von Mensch zu Mensch sowie von Land zu Land, wobei Mädchen generell etwa zwei Jahre früher geschlechtsreif werden als Jungen. Romeo lernte Julia kennen, als er sechzehn war und sie vierzehn, und Maria bekam Jesus, als sie ungefähr sechzehn war. So funktionierte die Welt bis vor nicht allzu langer Zeit.

Heutzutage beträgt das bevorzugte Alter zur Familiengründung in westlichen Ländern sechsundzwanzig Jahre. Das ist ein enormer Unterschied. Zwischen sechzehn und sechsundzwanzig liegen zehn Jahre, die von der Evolution überhaupt nicht eingeplant waren. Wir sind eigentlich darauf ausgelegt, unmittelbar nach dem Ende der Pubertät Nachwuchs zu produzieren. Was tun wir, während wir warten?

Das Erwachsenwerden wurde offiziell vertagt, weil es zuerst einige andere wichtige Dinge zu erledigen gibt. Es gilt, einen ganzen Berg Wissen aufzusaugen, um mit der von uns hervorgebrachten komplizierten Welt zurechtzukommen. Seit der Erfindung der Schrift und im Anschluss daran des Drucks wird das Leben zunehmend von Büchern, Fakten, Formularen und Zahlen überschwemmt und natürlich auch von unzähligen Prüfungen. Dank verbesserter Verhütungsmethoden sind Frauen heutzutage in der Lage, selbst zu entscheiden, wann sie ein Kind bekommen. Und da aufgrund der gestiegenen Lebenserwartung kein Grund zur Eile besteht, ergreifen sie die Gelegenheit beim Schopf, um den schicksalhaften Tag möglichst lange hinauszuschieben.

Pubertät im Tierreich

In der Natur gilt im Allgemeinen: Je kleiner man ist, desto schneller vermehrt man sich. Manche Bakterienarten pflanzen sich bereits an ihrem zwanzigsten Geburtstag fort – das heißt, nach zwanzig Minuten. Da diese Bakterien sich alle zwanzig Minuten zweiteilen – oder mit anderen Worten, da ihre Population sich alle zwanzig Minuten verdoppelt –, können sie innerhalb eines Tages einen Klumpen von der Größe eines Zuckerwürfels bilden. Wenn es ihnen möglich wäre, sich in diesem Tempo fortzupflanzen, würde die Kugel von Mikroben binnen einer Woche die Größe des Erdballs erreichen. (Wir können von Glück sagen, dass die Sterberate von Mikroben beinahe genauso hoch ist wie ihre Fortpflanzungsrate.) Größere Lebewesen pflanzen sich dagegen langsamer fort. Elefanten kalben beispielsweise nur alle vier Jahre.

Bei den meisten Insektenarten tritt die Geschlechtsreife nach dem Verpuppungsstadium ein, in dem die Larve sich in ihrem Kokon ein paar Monate lang scheinbar völlig still verhält. Im Inneren des Kokons geht es allerdings rund wie in einer Waschmaschine. Ganze Organe verschwinden, während neue gebildet werden: Ihre Raupenaugen lösen sich auf, und es sprießen Facettenaugen, während ihr neue Beine und Flügel wachsen. Das ausgewachsene Insekt, das mit einer theatralischen Geste schlüpft, hat nicht die geringste Ähnlichkeit mit der Larve von vor wenigen Monaten.

Falls besagte Puppe gezwungen wäre, sich jeden Morgen an den Frühstückstisch zu setzen, wie wir es tun müssen, würde sie sich ziemlich befangen fühlen. Mit fünfzehn Jahren ergeht es uns ähnlich wie dieser in Auflösung begriffenen Larve – mit einer Nase, die so schnell wächst, dass man sie knarren hören kann, mit Ohren, die sich über Nacht in Satellitenschüsseln verwandelt haben, und mit Haaren, die an den seltsamsten Stellen sprießen, das Ganze garniert mit hässlichen Pickeln und fremden Gerüchen. Somit ist es keine Überraschung, dass wir uns so lange wie möglich in unserem Zimmer verkriechen. In der Schule sind wir Schüler oder Schülerin, zu Hause eine verpuppte Larve.

Wer eine Katze am Schwanz trägt, lernt etwas, das er auf keine andere Weise lernen kann.

(Mark Twain)

Die Bedeutung von Fehlern

An der Universität des Lebens werden letztlich nur praktische Kurse angeboten. Unsere »Lage« können wir nur korrigieren, indem wir die Ärmel hochkrempeln, die Sache anpacken und uns blaue Flecken holen und uns anschließend selbst wieder aufrichten und von vorne beginnen. Thomas Edison behauptete von sich, niemals Fehler gemacht zu haben, doch er entdeckte 10 000 Möglichkeiten, die nicht funktionierten. Soichiro Honda, der Gründer der Honda Motor Corporation, hat gesagt: »Erfolg besteht zu 99 Prozent aus Scheitern.« Wie bei Honda gilt auch im Leben, dass man es versuchen muss, und zwar unbedingt. Der größte Fehler ist, Angst davor zu haben, einen Fehler zu begehen. Der Prediger Martyn Lloyd-Jones hat gesagt: »Etwas zu tun und zu scheitern, ist viel besser, als nichts zu tun und Erfolg zu haben.« Und der Schriftsteller James Joyce war der Ansicht: »Fehler sind Pforten zur Entdeckung.«

Wenn man sich vor dem Stigma des Misserfolgs fürchtet,

ist es das Sicherste, cool zu bleiben. Lächeln Sie, lehnen Sie sich zurück und sagen Sie nichts. Überlassen Sie es anderen, sich zum Idioten zu machen. Lernen Sie nichts, aber sehen Sie gut dabei aus.

Erfahrung ist die Bezeichnung, die jeder seinen Fehlern gibt.

(Oscar Wilde)

Versuche es noch einmal. Scheitere noch einmal. Scheitere besser.

(Samuel Beckett)

2. Männer und Frauen: auf Kriegsfuß

Bevor Sie sich in die Schlacht um Sex stürzen, sollten wir einen Blick auf den Geschlechterkampf werfen. Die Meinungsverschiedenheiten hinsichtlich der Unterschiede zwischen Männern und Frauen sind fast ebenso zahlreich und werden ebenso heiß diskutiert wie die Meinungsverschiedenheiten hinsichtlich der Unterschiede zwischen Menschen und Affen. Es hat beinahe den Anschein, als gehörten Männer und Frauen einer unterschiedlichen Spezies an. Das hat zur Folge, dass Murphys Gesetze allesamt unverhohlen sexistisch sind. Trotzdem können sie als Ausgangsbasis für die Analyse der Unterschiede zwischen Mann und Frau dienen.

Lassen Sie uns damit beginnen, zwischen zwei Arten von Sexismus zu differenzieren: Um *generellen* Sexismus handelt es sich, wenn ein Mann eine abwertende Bemerkung über Frauen macht; um *spezifischen* Sexismus handelt es sich, wenn ein Mann eine abwertende Bemerkung über die Frau macht, die gerade vor ihm steht. Mit Ersterem kommt er unter Umständen durch, mit Letzterem nicht. Warum ist das so? Weil im Durchschnitt ganz sicher ein Unterschied zwischen Männern und Frauen besteht, die Person, die vor Ihnen steht, aber nicht der Durchschnitt ist. Also sollten Sie es gar nicht erst versuchen.

Die Normalverteilungskurve

Bei der Suche nach möglichen Unterschieden zwischen Männern und Frauen müssen Wissenschaftler Hunderte von Freiwilligen testen und die Ergebnisse anschließend grafisch darstellen, um signifikante Abweichungen sichtbar zu machen. Die Kurven in Diagrammen, in denen die Auswertung von Tests zu Kartenverständnis, zur Mimikanalyse und zum Erkennen eingebetteter Figuren abgebildet ist, haben alle eine ähnliche Form und sehen in der Regel folgendermaßen aus:

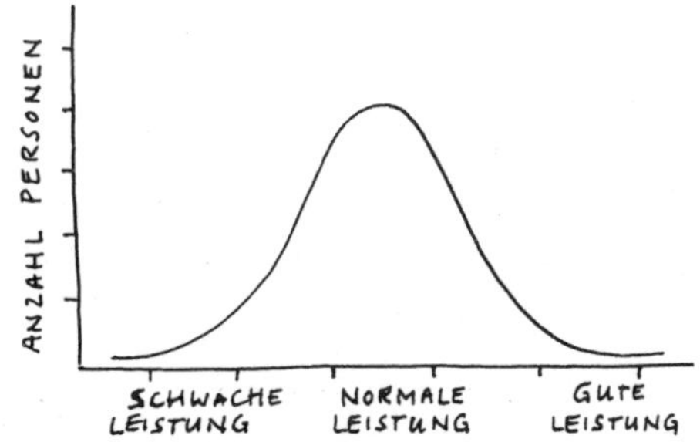

Der Scheitelpunkt der Kurve markiert die Anzahl der Testpersonen, die durchschnittlich gute Leistungen erbracht haben, während der aufsteigende bzw. abfallende Teil der Linie verrät, wie viele Kandidaten unterdurchschnittlich bzw. überdurchschnittlich abgeschnitten haben. Dem abgebildeten Diagramm lässt sich demnach entnehmen, dass die meisten Testpersonen angemessene Leistungen gezeigt haben und nur wenige außerordentlich gute bzw. außerordentlich schlechte. Diese glockenförmige »Normalverteilungskurve« ist im wahrsten Sinne des Wortes normal.

Wenn man beispielsweise die Auswertung des Kartenverständnistests heranzieht und die Ergebnisse von Männern und

Frauen gemeinsam in ein Diagramm einträgt, erhält man die beiden in der untenstehenden Abbildung dargestellten Kurven.

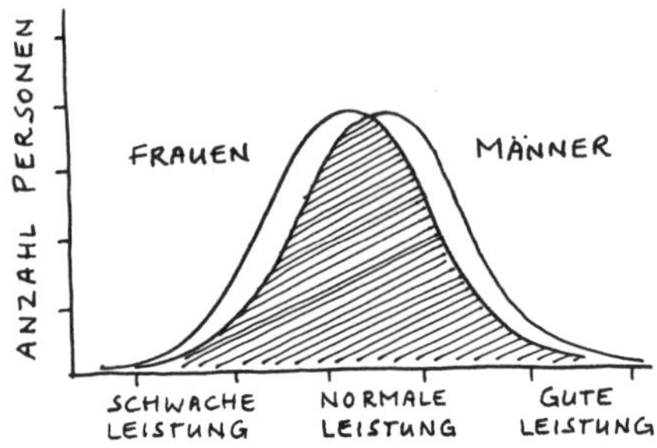

Daran lässt sich erkennen, dass bei dieser Aufgabenstellung ein signifikanter Unterschied zwischen den Ergebnissen von Männern und Frauen besteht, wobei Männer im Durchschnitt besser abschneiden. Die Überlappung der beiden Kurven verrät jedoch, dass beide Geschlechter abgesehen von jeweils etwa 15 Prozent gleich gut abschneiden. Man kann also nur dann sagen, »alle Männer tun das« oder »alle Frauen sind so«, wenn man sich darüber im Klaren ist, dass ein bestimmter Mann es vielleicht nicht tut und eine bestimmte Frau vielleicht nicht so ist …

Man könnte es aber auch wie in der Abbildung rechts darstellen, in der die weißen Bereiche Unterschiede zeigen, während die grau schraffierten Stellen Überlappungen markieren.

So nehmen wir es allerdings nicht wahr. Wir sehen die Unterschiede stattdessen als Ganzes, wobei eine tiefe Kluft alle Frauen von allen Männern trennt.

Viele Unterschiede zwischen der männlichen und der weiblichen Psyche sind jedoch so unerheblich, dass sie eigentlich kaum existieren. Trotzdem treiben Murphys Gesetze einen Keil zwischen die Geschlechter.

Frauen, die bestrebt sind, Männern ebenbürtig zu sein, mangelt es an Ehrgeiz.

(Timothy Leary)

Gibt es überhaupt Unterschiede zwischen Männern und Frauen?

Abgesehen von den offensichtlichen Unterschieden zwischen Männern und Frauen – den Unterschieden, die die Geschlechterdebatte überhaupt erst in Gang gebracht haben – gibt es noch weitere generelle Differenzierungsmerkmale, wie etwa Körpergröße, Gewicht, Behaarung oder die Tendenz, in Schlägereien zu geraten. Aber existieren abgesehen davon noch andere Möglichkeiten zur Unterscheidung der Geschlechter?

Frauen sind in der Regel zerstreut, naiv, pedantisch, arrogant, übertrieben kritisch, oberflächlich, kindisch, kleinlich, streitsüchtig, neurotisch, zwanghaft, unbeholfen, hinterhältig, faul, unordentlich und egoistisch.

Männer sind dagegen häufig streitsüchtig, kindisch, unbeholfen, zwanghaft, unordentlich, egoistisch, arrogant, pedantisch, hinterhältig, kleinlich, neurotisch, zerstreut, übertrieben kritisch, naiv, oberflächlich und faul.

Falls Sie einer dieser Listen zustimmen, der anderen aber nicht, sind Sie sexistisch, da beide Listen dieselben Adjektive in unterschiedlicher Reihenfolge enthalten.

Außerdem kennen wir alle Menschen von der anderen Seite der Kluft, die intelligent, nachdenklich, großzügig, humorvoll, warmherzig, fürsorglich, begeisterungsfähig, klug und gelassen sind... bis sie anfangen, über das andere Geschlecht zu sprechen.

Drei Faktoren sind dafür verantwortlich, dass die Unterschiede größer erscheinen, als sie sind:

1) Da Männer in der Regel größer an Wuchs sind, gelingt es ihnen, Frauen ihren Willen aufzuzwingen. Wenn es hart auf hart kommt, können sie härter zupacken als Frauen. Deshalb neigen Männer dazu, sich in Positionen zu manövrieren, in denen sie Macht über Frauen ausüben können.
2) Im Lauf der Jahrtausende ist meistens das eingetreten, womit wir gerechnet haben. Deshalb stellen wir Regeln auf der Basis auf, dass »alle Männer das tun« und »alle Frauen so sind«.
3) Im täglichen Leben werden die Unterschiede, die zwischen Männern und Frauen bestehen, übertrieben dargestellt. Siehe dazu das folgende Murphy-Gesetz sowie die meisten weiteren.

Frauen haben viele Fehler, Männer dagegen nur zwei: Alles, was sie sagen, und alles, was sie tun.

Die Differenzmaschine

Die wunderbare Tatsache, dass wir die Welt zweiteilen, hilft uns, Dinge voneinander zu unterscheiden: wir und die anderen, Yin und Yang, Demokraten und Republikaner, links und rechts, dick und dünn, Himmel und Hölle, hü oder hott, für uns oder gegen uns, alles oder nichts, Held oder Bösewicht, hart oder weich, Terrorist oder Friedenskämpfer, schwarz oder weiß, Gewinner oder Verlierer.

Diese Trennung wird von einer Grundeigenschaft der menschlichen Psyche auf die Spitze getrieben: Wir sind Differenzmaschinen. Deshalb betrachten wir die Dinge nicht isoliert – »heiß«, »dunkel«, »laut« –, sondern unterziehen sie Vergleichen: »heißer als«, »dunkler als« und so weiter. Die Wassertemperatur im Schwimmbad um die Ecke beträgt vermutlich ungefähr 28 Grad Celsius, wird Ihnen jedoch heiß oder kalt vorkommen, je nachdem, ob Sie gerade noch im heißen Becken geplanscht haben oder ob Sie nackt durch einen Schneesturm gelaufen sind, um zum Becken zu gelangen. Ob ein Zimmer, das Sie betreten, düster oder hell erscheint, hängt ganz davon ab, welches Zimmer Sie gerade verlassen haben. Das Auge kann die Helligkeit ebenso gut berechnen wie ein Lichtmesser.

In Ermangelung exakter Werte übertreibt das Gehirn Unterschiede, um sie extremer erscheinen zu lassen. Die auf der nächsten Seite stehende Abbildung zeigt zwei graue Rechtecke. Man erkennt, dass eines von beiden dunkler ist als das andere, indem man sie dort vergleicht, wo sie einander berühren. Diese

Grenzlinie ist wichtig. Wenn Sie den Finger auf diese Linie legen, verschwindet der Helligkeitsunterschied zwischen den beiden Rechtecken. Anstelle von zwei unterschiedlich grauen Rechtecken sehen Sie jetzt ein einziges. Wahrgenommene Unterschiede werden übertrieben – das gilt nicht nur für die beiden grauen Rechtecke, sondern auch für den bunten Bildteppich des Lebens.

Das folgende Murphy-Gesetz sagt eigentlich alles:

> Die Welt lässt sich in zwei Sorten von Menschen unterteilen: in diejenigen, die die Welt in zwei Sorten von Menschen unterteilen, und in diejenigen, die es nicht tun.
> *Drei* Weise – soll das ein Witz sein?

Frauen an die Macht?

Politik wird seit langem von Männern dominiert, und Frauen behaupten seit langer Zeit, dass das ein Fehler sei. Wenn Männer die Politik bestimmen, sagen sie, sind Konfrontation, Auseinandersetzungen und Kriege unvermeidbar. Gebt den Frauen die Zügel der Macht in die Hand, und es wird sofort überall Frieden einkehren. Männer sind derart mit Testosteron vollgepumpt, dass sie dazu neigen, sich zu bekämpfen, während die Damen, die wesentlich einfühlsamer sind, mit anderen (weiblichen) Staatsoberhäuptern plaudern und die Probleme der Welt bei einer Tasse Tee lösen können.

Von Spitzenpolitikerinnen und ihren Versuchen, weltweiten Frieden herbeizuführen, einmal abgesehen, legen Managerinnen in Wirtschaft und Handel oft dieselben Qualitäten in

Bezug auf Ehrgeiz, Machtgier, Heimlichtuerei, ausweichendes Verhalten und Missgunst an den Tag, für die Männer berüchtigt sind. Und wie für Männer gilt, dass manche Frauen tüchtig und beliebt sind und andere nicht.

Reiche einer Frau den kleinen Finger, und sie nimmt das ganze Land.

Sollten Frauen von der Macht ferngehalten werden?

Menschen – ob männlich oder weiblich – geben Macht nur ungern auf. Dank unserer Differenzmaschine betrachten wir jedes noch so kleine Zugeständnis als völligen Machtverlust. Schlimmer noch, wir glauben, der Zusammenbruch der Zivilisation stünde bevor, wenn wir auch nur ein Stück nachgeben. Früher wurde Frauen das Wahlrecht mit dem Argument vorenthalten, dass sie ohnehin nicht im nationalen Interesse wählen, sondern nur für belanglose, häusliche Themen stimmen würden. (Außerdem hielt man sie für genetisch minderwertig und für unfähig, Entscheidungen zu treffen, und glaubte, sie würden ohnehin nur denjenigen wählen, der das netteste Lächeln hat.) Trotzdem ist die Welt nicht untergegangen, seit Frauen wählen dürfen. Unsere Differenzmaschinen haben eine tiefe Kluft geschaffen, die überhaupt nicht existiert.

Der einzige Unterschied zwischen Jungs und Männern ist der Preis ihrer Spielzeuge.

Der feine Unterschied

Männern wird nachgesagt, sie würden gerne mit Geräten herumspielen, Dinge analysieren, Sachen reparieren, mit Maschinen hantieren und alles andere tun, was dafür sorgt, dass sie a) sich statt mit Menschen mit leblosen Gegenständen beschäftigen und b) allem anderen, was zu Hause vor sich geht, den Rücken zukehren können. Der Schuppen wurde speziell für Männer erfunden. Dort können sie sich in Ruhe mit netten, einfachen, harten Dingen mit Scharnieren auseinandersetzen, anstatt mit wabbeligen, weichen Dingen, die sie unterbrechen, wie zum Beispiel mit Ehefrauen, Kindern etc.

Psychologen haben deutliche Gegensätze zwischen Männern und Frauen festgestellt. Männer sind die besseren Systematiker, Frauen die besseren Emphatiker. Deshalb fühlen sich Männer wohler beim Bewältigen von Aufgaben, die logisches Schritt-für-Schritt-Denken erfordern, während Frauen sich bei weitläufiger Verknüpfung und zwischenmenschlicher Interaktion auszeichnen (»Netz-Denken« im Gegensatz zu männlichem »Stufen-Denken«, wie es die Anthropologin Helen Fisher nennt).

Unter Umständen gibt es jedoch ein Bindeglied. Simon Baron-Cohen erklärt in seinem Buch *Vom ersten Tag an anders: Das weibliche und das männliche Gehirn*, dass etliche männliche Eigenschaften auf den einfachen Tatbestand zurückzuführen sind, dass sich der Testosteronspiegel bei Männern und Frauen stark unterscheidet. Bei der Untersuchung des Testosteronspiegels von Kleinkindern stellte Baron-Cohen fest, dass kleine Jungen mit überdurchschnittlich hohem fötalen Testosteronspiegel im Alter von einem Jahr über einen geringeren Wortschatz verfügten als Jungen mit normalen Testosteronwerten und seltener den Blickkontakt suchten. Die Studie einer anderen Gruppe von Wissenschaftlern hat ergeben, dass achtjährige Mädchen, die als Fötus über große Mengen dieses Hormons verfügt hatten, überdurchschnittlich gute Leistungen bei Aufgaben wie dem mentalen Drehen zweidimensionaler Figuren zeigten, was normalerweise als männliche Domäne gilt.

Unter Umständen sorgt ein erhöhter fötaler Testosteronspiegel dafür, dass die Gehirnentwicklung in Richtung verbesserter Fähigkeiten beim Erkennen von Mustern und beim Analysieren von Systemen – Aufgaben, bei denen Männer in der Regel besser sind als Frauen – gefördert wird. Dies geht allerdings zu Lasten der Kommunikations- und Empathiefähigkeit, die normalerweise bei Frauen höher entwickelt ist.

Was nicht mit Klebeband oder Mehrbereichsöl behoben werden kann, ist ein Frauenproblem.

(Jason Love)

Die Testosteron-Verbindung

Die Testosteronproduktion ist der Faktor, der Männer in einer überaus wichtigen Hinsicht von Frauen unterscheidet: keine Testikel, kein Testosteron. Aber warum beeinflusst Testosteron ein so großes Spektrum an Eigenschaften, die nichts mit Männlichkeit an sich zu tun haben? Es gibt keinen bestimmten Grund dafür, weshalb Netz-Denken eine weibliche Domäne oder Stufen-Denken eine männliche Domäne sein sollte, da sich daraus kein evolutionärer Vorteil ergibt. Handelt es sich also womöglich nur um einen evolutionären Unfall? Um eine Nebenwirkung von Testosteron? Wenn man das eine hat, bekommt man das andere dazu, ob man es haben möchte oder nicht? Nach dem Motto, wenn du dich in mich verliebst, musst du dich auch in meine Hobbys verlieben?

In vielen anderen Bereichen gibt es zahlreiche Beispiele dafür, dass eine Eigenschaft mit einer anderen verknüpft ist oder dass eine Ursache mehr als eine Wirkung hat. Wer in den Genuss der Freude kommen möchte, die Babys bereiten, muss sich auch auf die folgenden achtzehn Jahre gefasst machen. Wer sich den ganzen Winter von einer Zentralheizung wärmen und den ganzen Sommer von einer Klimaanlage kühlen lassen möchte, muss mit der daraus resultierenden globalen Erwärmung zurechtkommen. Ebenso gilt, dass man sich mit Spielzeugen abfinden muss, wenn man sich einen Mann ins Haus holt.

Jede Frau hat unrecht, bis sie anfängt zu weinen – dann hat sie recht, und zwar sofort.

(Thomas Chandler Haliburton)

Haben Männer Gefühle?

Eine der geläufigsten Verallgemeinerungen in Hinblick auf Frauen ist die Behauptung, sie seien sensibler und einfühlsamer als Männer. Simon Baron-Cohens Untersuchungsergebnisse stützen diese These: Höhere soziale Kompetenz und größere Sensibilität für die Gefühle anderer sind typisch weibliche Eigenschaften.

Allerdings nur durchschnittlich betrachtet. Wie Baron-Cohen selbst betont, ist die Überlappung so groß, dass es unangemessen wäre, aufgrund dieser Unterschiede Regeln aufzustellen. In westlichen Ländern ist jedoch genau das geschehen. Geschiedene Väter müssen sich das Sorgerecht für ihre Kinder vor Gericht erkämpfen. Das Rechtssystem geht grundsätzlich davon aus, dass Männer keine Ahnung haben, wo bei einem Baby vorne und hinten ist, weder kochen noch putzen können und niemals in der Lage sein werden, eine Bindung mit ihrem Kind einzugehen. Das mag im Durchschnitt zutreffen, aber einen Richter oder eine Richterin davon zu überzeugen, dass er oder sie es nicht mit einem durchschnittlichen Mann zu tun hat, ist derzeit noch fast ein Ding der Unmöglichkeit.

Wenn Männern die Aufgabe anvertraut wird, Kinder großzuziehen, sollte es niemanden überraschen, dass sie es mit demselben Geschick und Elan tun wie Frauen und mit derselben Strenge, Nachsichtigkeit, Freude, Frustration und Hingabe. Der Unterschied ist ein Mythos.

Selbstverständlich hat Gott zuerst den Mann erschaffen und dann die Frau, doch man fertigt immer zuerst eine grobe Skizze an, ehe man sich an das endgültige Meisterwerk macht.

Wer war zuerst da, der Mann oder die Frau?

Man möchte meinen, dass es in der Bibel genau verkehrt steht. Die Frau war zuerst da. Die frühesten Lebewesen auf der Erde waren Zellen, die sich einfach hin und wieder in der Mitte teilten. Dabei handelte es sich um asexuelle Fortpflanzung, für die nur eine Eizelle nötig ist. Keine romantischen Dinner und keine Turnübungen auf der Matratze. Einige Millionen Jahre später mischte eine Amöbe ihre DNA, bevor sie sich teilte. In diesem Fall handelte es sich um sexuelle Fortpflanzung, aber nicht um das, was wir darunter verstehen – es war noch immer kein Kerl beteiligt. Sie fand sozusagen in Eigenregie statt. Auf der nächsten Stufe der sexuellen Evolution wurde DNA aus zwei Quellen gemischt. Bei den dafür verantwortlichen Lebewesen handelte es sich um Hermaphroditen, die sowohl über männliche als auch über weibliche Gameten verfügten. Das war von Vorteil, da es für große genetische Variation sorgte – die Essenz der Evolution. Zu dem Zeitpunkt, als die erste eindeutig männliche Kreatur auf der Erde auftauchte, war die Evolution bereits ein gutes Stück vorangeschritten. Bei dem ersten männlichen Lebewesen handelte es sich vermutlich um eine Art Frosch (was das alte Märchen über Frösche küssende Prinzessinnen ins rechte Licht rückt; siehe S. 162). Das markante Y-Chromosom, das einen Mann zum Mann macht, entwickelte sich erst wesentlich später. Folglich waren die Mädels zuerst da. Ob das jedoch bedeutet, dass der Mann das endgültige Meisterwerk ist, ist weniger gewiss.

Streite dich nie mit einer Frau, wenn sie müde ist – oder ausgeruht.

Warum Frauen nörgeln

Gibt es ein Nörgel-Gen? Vermutlich sitzt irgendwo ein Typ, glotzt in sein Mikroskop und sucht nach dem betreffenden X-Chromosom, weil er der Meinung ist, »nur Frauen nörgeln, also muss Nörgelei ein geschlechtsspezifisches Merkmal sein«. Dass Frauen nachgesagt wird, sie seien Nörglerinnen, geht auf klassische griechische Komödien zurück. Im mittelalterlichen

Europa wurden so genannte Tauchstühle in erster Linie dazu benutzt, »Xanthippen« im örtlichen Teich einer Abfrischung zu unterziehen. Wer jedoch nach einem Grund dafür sucht, weshalb Frauen nörgeln, braucht sich nur den Größenunterschied zwischen ihnen und Männern anzusehen. Was bleibt einer Frau schon anderes übrig? Wenn ein Mann sich weigert, von seinem Kurs abzuweichen, hätte der Versuch, ihm das Ruder aus der Hand zu nehmen, nur Verstauchungen und blaue Flecken zur Folge. Somit bleiben nur zwei Möglichkeiten: Entweder man lässt ihm seinen Willen, oder man führt eine verbale Kampagne, in der Hoffnung, ihn damit irgendwann zu zermürben.

> **Was auch immer Frauen tun, müssen sie doppelt so gut wie Männer machen, um für halb so gut wie sie gehalten zu werden. Glücklicherweise ist das nicht schwierig.**
>
> *(Charlotte Whitton)*

Männliche Größe hat noch eine weitere unangenehme Nebenwirkung: Männer dominieren nicht nur Frauen, sie beherrschen auch die Berichterstattung über Frauen. Die männliche Vorherrschaft im Journalismus hat die Geschichte verzerrt, einschließlich der Geschichte der wissenschaftlichen Entdeckungen. Die Forschungsgeschichte ist seine Geschichte – die Entdeckungen von Frauen wurden oft ignoriert oder sogar gestohlen.

Nachdem Cecilia Payne-Gaposchkin in den 1920er-Jahren das Spektrum der Sonne studiert hatte, kam sie zu dem Schluss, dass diese überwiegend aus Helium und Wasserstoff bestehen muss und nicht wie damals allgemein angenommen aus Eisen. Wenn Cecilia ein Mann gewesen wäre, hätte man ihre Entdeckung sofort mit großem Brimborium veröffentlicht. Doch die herablassende Art ihrer männlichen Forscherkollegen veranlasste sie, ihre Erkenntnisse für sich zu behalten. Der Astronom

Henry Norris Russell von der Universität Princeton schrieb ihr, es sei »schlichtweg unmöglich, dass Wasserstoff eine Million Mal reichlicher vorhanden ist als Metalle«. Später stellte er fest, dass sie recht gehabt hatte – und nahm das Verdienst für die Entdeckung selbst in Anspruch.

Nach und nach werden Forscherinnen, begleitet von männlichen Reuebeteuerungen, wieder ausgegraben wie Skelette aus einem Kriegsgrab. Dazu zählen unter anderem Ada Lovelace, Cecilia Payne-Gaposchkin, Hypatia von Alexandria oder Émilie du Châtelet, um nur einige zu nennen. Vielleicht sollte das alte Sprichwort »hinter jedem großen Mann steht eine große Frau« umgeschrieben werden: »Vor jeder großen Frau steht ein großer, dicker Mann.«

Zumindest in einer Hinsicht sind Frauen und Männer sich einig – beide misstrauen Frauen.

(H. L. Mencken)

Ein weiteres wunderbares Murphy-Gesetz, das durch und durch wahr ist und wahr bleibt, wenn man es umkehrt.

Sowohl Männer als auch Frauen misstrauen Männern.

Die vorangegangenen Seiten habe ich mithilfe meiner Differenzmaschine geschrieben. Doch krasse Unterschiede gibt es kaum und ganz sicher nicht zwischen den Menschen, die ich kenne: Jeder Mensch verfügt sowohl über Eigenschaften, die man als typisch für sein Geschlecht bezeichnen könnte, als auch über Eigenschaften, die man ungewöhnlich nennen könnte. Wie schade ist es doch – wo es so viele fürsorgliche Väter und so viele unterkühlte Mütter gibt, so viele sozial kompetente Männer und so viele fähige Managerinnen, so viele begnadete Autofahrerinnen und so viele miserable männliche Kartenleser –, dass die Unterschiede zwischen den Geschlechtern in der Mythologie so betont werden. Wie es in einem bekannten Kinderreim heißt, werden Männer für alle Zeit »*frogs, snails and puppy-dog tails*«, »Frösche, Schnecken und Welpenschwänze«, bleiben und Frauen »*sugar and spice and all things nice*«, »Zucker, Gewürz und alle anderen angenehmen Dinge«. Die Kluft zwischen den Geschlechtern wird für immer unüberwindlich sein.

In der Schlacht der Geschlechter wird es niemals einen Sieger geben – dazu findet einfach zu viel Verbrüderung mit dem Feind statt.

(Henry Kissinger)

3. Partnersuche mit Hindernissen

Das andere Geschlecht – ob männlich oder weiblich – ist ein Rätsel, umhüllt von einem Geheimnis, umgeben von einem Mysterium. Zu verstehen, wie Menschen vom anderen Geschlecht funktionieren, ist ohnehin schon ein schwieriges Unterfangen, wenn sie jedoch auf der Suche nach einem Partner oder einer Partnerin sind, legen sie ein ganz besonderes Verhalten an den Tag, das nur noch zur Verwirrung beiträgt – ein Verhalten, das an den raffiniertesten Verführer im Tierreich erinnert: den Laubenvogel.

Der Laubenvogel

Der Laubenvogel ist der größte Baumeister Neuguineas. Im Gegensatz zu den meisten anderen Vögeln begnügt er sich nicht damit, einen Balztanz aufzuführen, sondern errichtet eigens dazu eine imposante Bühne auf dem Dschungelboden. Bei seinem Bauwerk kann es sich um einen weitläufigen Garten oder aber um einen hohen Turm handeln, der sorgfältig aus Grashalmen und Zweigen geflochten ist und eine Höhe von bis zu drei Metern erreicht. Die »Laube« wird mit Blumen, Schmetterlingsflügeln oder anderen bunten Dingen geschmückt. Die Farben werden in einem geschmackvollen Muster arrangiert, das beispielsweise auf der einen Seite rot ist und auf der anderen blau. Ein anderer Laubenvogel beschränkt sich bei seinem Arrangement womöglich auf die Farbe Gelb. Die Bauwerke von Laubenvögeln sind sehr fein gegliedert, individuell und faszinierend. Als westliche Forschungsreisende sie zum ersten Mal zu Gesicht bekamen, gingen sie davon aus, dass sie von Einheimischen errichtet worden seien. Verantwortlich dafür ist jedoch ein Lebewesen vom Format einer Taube, dessen Gehirn nur ein Tausendstel der Größe des menschlichen Gehirns ausmacht.

Wenn ein Laubenvogelweibchen vorbeigehüpft kommt, unterzieht es das Bauwerk und seine Ausstattung einer genauen Prüfung. Das Männchen gibt währenddessen eine schauspielerische Darbietung zum Besten, bei der es sich womöglich hinter seiner kunstvollen Abzäunung versteckt und einen seiner Schätze im Schnabel schwenkt oder mit aufgeplusterter Brust und aufgestellten Nackenfedern hin und her stolziert. Wenn das Weibchen von seinen Kostbarkeiten und seinem Stolzieren beeindruckt ist, verschwinden die beiden in die Büsche, um sich zu paaren. Anschließend beginnt das Weibchen umgehend damit, ein eigenes, bescheideneres Nest zu bauen, Eier zu legen und seine Jungen großzuziehen, während das Männchen sich daranmacht, das nächste Weibchen zu verführen. Das Laubenvogelmännchen zeigt keinerlei Interesse daran, seinen Nachwuchs großzuziehen, sondern hat es ausschließlich darauf abgesehen, sich mit so vielen Weibchen wie möglich zu paaren.

Mode ist etwas, das man sich zu eigen macht, wenn man nicht weiß, wer man ist.

(Quentin Crisp)

Sind Sie ein Laubenvogel?

Sind hier nicht Parallelen zu erkennen? Unsere individuell eingerichtete Wohnung gleicht dem Bauwerk eines Laubenvogels. Wir haben viele Stunden damit zugebracht, sie zu perfektionieren, das Mobiliar auszuwählen und die Dekoration auszusuchen, und haben uns sogar über winzige Details wie die Wandfarbe Gedanken gemacht und ob diese matt, glänzend oder seidenmatt sein soll. Zwar dient unsere Wohnung nicht ausschließlich dem Zweck der Verführung, doch wenn endlich der große Abend naht und die Blumen und Kerzen arrangiert, die Kissen aufgeschüttelt und die schmutzigen Socken weggeräumt sind, haben wir unser Bestes gegeben, um unsere »Laube« so schön wie möglich herzurichten.

Draußen in den Bars und Clubs haben alle ihren Körper dekoriert wie ein Laubenvogel sein Bauwerk. Das Haar ist sorgfältig gestylt (und wenn es unordentlich aussieht, kann man Gift darauf nehmen, dass es sorgfältig gestylt wurde, um unordentlich auszusehen). In die Auswahl der Farbe und des Stils der Bekleidungsstücke ist viel Überlegung geflossen. Man befindet sich auf dem Präsentierteller, deshalb muss das Gefieder die richtigen Signale aussenden. Wirkt Ihr Hinterteil in diesem Rock dick? Sind Ihre Jeans an den richtigen Stellen zerrissen, damit es zufällig aussieht? Make-up, gebräunte Haut, Schmuck, Piercings, Tätowierungen und Parfüm vervollständigen das Kostüm.

Wenn man mit einer derart raffinierten Verkleidung konfrontiert ist, stellt sich die Frage: Was verbirgt sie? Was befindet sich hinter der Wimperntusche, unter den Schulterpolstern? Stoßen wir auf die rücksichtsvolle, sanfte Person, nach der wir suchen? Für uns Menschen ist es wichtiger, den richtigen Partner zu finden, da wir uns vom Laubenvogel in einem entscheidenden Punkt unterscheiden: Das Laubenvogelmännchen hat es allein darauf abgesehen, sich mit so vielen Weibchen wie möglich zu paaren, während Menschen – zumindest in der Regel – nach einer langfristigen Partnerschaft suchen. Der geschickte Einsatz von Make-up ist für ein glückliches Zusammenleben weniger wichtig als Intelligenz, Engagement, Respekt und viele andere unspektakuläre Eigenschaften, die nicht auf den ersten Blick zu erkennen sind.

Wie soll man nur jemals seinen Traumprinzen oder seine Traumprinzessin finden?

Wenn man den Menschen freie Hand lässt, imitieren sie sich in der Regel gegenseitig.

(Eric Hoffer)

Mimikry

Das Imponiergehabe, das wir an den Tag legen, hat viel mit unserem besonderen Merkmal zu tun: unserem Gehirn. Während Tiere mit kleinem Gehirn, wie beispielsweise Insekten, sich in bestimmten Situationen festgelegter Handlungsmuster bedienen, können wir Menschen unser Verhalten den Umständen anpassen. Lebewesen mit kleinem Gehirn benötigen auch kein Training, da sie genau wissen, wie sie sich in bestimmten Situationen verhalten müssen. Menschen (und Laubenvögel) müssen ihr Gehirn dagegen programmieren, bevor sie es sinnvoll einsetzen können. Die dazu nötigen Informationen beziehen sie durch »Mimikry«, indem sie andere mit Hilfe ihrer Spiegelneuronen kopieren (siehe auch S. 18 f. und 103 ff.). Auf diese Weise saugen sie alles auf – komplexe und weniger komplexe Dinge. Zur ersten Kategorie gehören bei Menschen Jagdtechniken, Teamwork, Sprache, Familienwerte, Moral und Ethik. Die zweite Kategorie umfasst soziale Kompetenz, Dialekte, Redewendungen, Tanzstile und Mode.

Sowohl Lebewesen mit kleinem Gehirn als auch Lebewesen mit großem Gehirn neigen unter bestimmten Umständen zu absurden Verhaltensweisen: Erstere, weil sie ihre Verhaltensmuster überhaupt nicht verändern können, Letztere, weil sie ihre Verhaltensmuster völlig verändern können. Lebewesen mit kleinem Gehirn, wie zum Beispiel Fliegen, stoßen immer wieder mit dem Kopf gegen eine Fensterscheibe, weil sie ihr Verhalten nicht anpassen können. Lebewesen mit großem Gehirn dagegen schämen sich unter Umständen dafür, wie sehr sie sich angepasst haben und wie sklavisch sie einem Modetrend gefolgt sind. Ältere Lebewesen mit großem Gehirn sehen sich oft Fotos an, die sie selbst im Alter von achtzehn Jahren zeigen, und sagen: »Hatte ich damals wirklich so eine Frisur?«

> **Natürlichkeit ist eine Pose, die sich nur schwer auf Dauer beibehalten lässt.**
>
> *(Oscar Wilde)*

Nichts ist natürlich

Wenn wir uns in der Öffentlichkeit bewegen, ist alles an uns geschauspielert, gekauft, erbettelt oder von unserer Umwelt geborgt. Oder gestohlen. (Laubenvögel sind übrigens begnadete Diebe. Sie verbringen nur die Hälfte ihrer Zeit damit, ihre wundervollen Bauwerke zu errichten, während sie die andere Hälfte dazu benutzen, um ihren Nachbarn zu beklauen. Dabei wissen sie, dass sie ihren Nachbarn nicht zu Hause antreffen werden, weil *er* ebenfalls unterwegs ist, um seinen Nachbarn auf der anderen Seite zu beklauen.)

Zu Hause in unserer Heimatstadt frönen alle einer anderen, völlig legitimen Art von Diebstahl: Stil-Raub. In Wirklichkeit beneiden wir unseren Nachbarn nämlich nicht um seine Stereoanlage oder sein Auto, sondern um sein Selbstbewusstsein, seinen Dialekt, seine Einstellung oder seine Eigenheiten. Ohne lange nachzudenken, bedienen wir uns unserer Spiegelneuronen, um eine Kopie davon anzufertigen.

Nachdem Sie begonnen haben, sich dem anderen Geschlecht zu präsentieren, haben Sie in den letzten Monaten Ihre Freunde beobachtet und sich von ihnen eine Reihe von Verhaltensweisen abgeschaut, die vielversprechend erscheinen. Eine bestimmte Redewendung klingt gut? Verwenden Sie sie! Ein charmantes Lächeln, zusammengesetzt aus dem von George Clooney und dem von Robbie Williams? Setzen Sie es auf! Außerdem haben Sie sich im Lauf der Jahre die korrekte Art und Weise angeeignet, was man mit seinen Beinen tut, wenn man sich hinsetzt (echte Damen pressen die Knie zusammen), wie man jemandem die Hand gibt (nicht zu fest und nicht zu lasch), wie man beim Teetrinken den kleinen Finger abspreizt und Tausende andere Umgangsformen.

»Erkenne dich selbst?« Wenn ich mich erkennen würde, liefe ich davon.

Ist irgendetwas an uns nicht geschauspielert?

Tragischerweise, ja! Unsere Körpersprache spricht lauter als das ganze Beiwerk. Sind Sie ein positiver, offener und freundlicher Mensch oder eher ein abweisender, verschlossener und verschüchterter Typ? Das erkennt jeder, der Sie beobachtet, selbst ein Schimpanse, denn Körpersprache ist ein instinktives Verhalten, das auf unsere äffischen Ahnen zurückgeht.

Bestimmte Aspekte unserer Körpersprache gehen auf noch frühere Ahnen zurück und können bei Goldfischen beobachtet werden. Wenn man eine abstoßende Geschichte zu hören bekommt, schüttelt man den Kopf und wendet sich auf dieselbe Weise ab, wie ein Goldfisch den Kopf von unangenehmen Gerüchen im Wasser abwendet.

Manche Eltern halten es für so wichtig, solche instinktiven Signale zu unterdrücken und sie durch gesellschaftlich akzeptablere zu ersetzen, dass sie ihre Sprösslinge auf Anstandsschulen schicken, wo ihnen anstelle von akademischen Fächern »moderne Manieren, gesellschaftsfähiges Gebaren und persönliche Präsentation« beigebracht werden. Bewaffnet mit dieser stilistischen Fassade sind sie in der Lage, vor der ganzen Welt so zu tun, als wüssten sie, wovon sie sprechen, ohne von ihrer Körpersprache verraten zu werden.

Schlichte Frauen wissen mehr über Männer als schöne Frauen.

(Katherine Hepburn)

Männliches Werbeverhalten

Männer ziehen so wie Laubenvögel eine spezielle Show vor dem Objekt ihrer Begierde ab, was sich mitunter als äußerst unangenehm erweisen kann. Katherine Hepburn war von 1931 bis 1994 ein berühmter Hollywood-Star und wurde von vielen Männern aus der Ferne geliebt. Sie empfand es manchmal als beängstigend, wenn völlig Fremde (die sich irgendwo in einem Kino in sie verliebt hatten) in ihrer Gegenwart verrückt spielten, mit den Armen herumfuchtelten, lautstark Witze rissen, kicherten oder mitten auf der Straße ein Lied schmetterten, um sie zu beeindrucken. Eine Hafenrundfahrt mit einem Motorboot verwandelte sich für sie in einen Albtraum, als der Bootsführer auf Höchstgeschwindigkeit beschleunigte, um seine Verwegenheit zu demonstrieren, und dabei beinahe mit der Hafenmauer zusammengekracht wäre. Irgendwann wurde Ms. Hepburn bewusst, dass solche Kapriolen von Männern nichts mit der Realität zu tun hatten, sondern einem seltsamen Tanz glichen, den Männer in ihrer Anwesenheit aufführten und wieder beendeten, wenn sie fort war. Schöne Frauen haben keine Vorstellung davon, wie das Leben auf dieser Erde tatsächlich abläuft. Sie lernen nie Männer kennen, sondern immer nur Clowns, und bekommen nur den Glanz zu sehen, während unattraktive Frauen sich mit dem Staub begnügen müssen.

Katherine Hepburn selbst zog keine Show ab. Sie war sich ihres guten Aussehens bewusst und stand abseits der Kamera mit beiden Beinen auf dem Boden (in *Hosen*, du lieber Himmel!) – zum Leidwesen der Publicitymanager des Studios und zur Schmach der Männer, die in ihrer Gegenwart ein Theater veranstalteten.

Wenn du die Fehler einer Frau herausfinden möchtest, dann lobe sie vor ihren Freundinnen.

(Benjamin Franklin)

Wie man das Schauspiel durchschaut

Das Mädchen, mit dem du dich gerade unterhalten hast, Benjamin, war sehr süß und schien dich zu mögen. Sie hat eine tolle Show abgezogen – sie hat gelächelt, dir zugestimmt und über deine Witze gelacht –, aber wenn du ernstere Absichten bei ihr hast, solltest du herausfinden, wer sie tatsächlich ist, denn um ehrlich zu sein, hast du *sie* gar nicht kennen gelernt, als du dich mit ihr unterhalten hast. Du hast ein paar von ihren Freundinnen, ihre Eltern und eine Schauspielerin kennen gelernt, die sie früher einmal bewundert hat. Das sind die wichtigen Menschen in ihrem Leben, die sie studiert und kopiert hat. Von ihnen hat sie nützliche Eigenheiten übernommen, die sie jetzt zu deiner Freude zum Besten gibt. Ihr ganzes Verhalten ist eine einzige Fälschung.

Wenn sie mit ihren Freundinnen zusammen ist, schauspielert sie nicht, deshalb kennen sie ihr wahres Ich, das sie vor dir verbirgt. Deshalb solltest du sie vor ihren Freundinnen loben, Benjamin. Das würde dazu führen, dass sich deren Nackenfedern aufstellen, und sie dazu bewegen, dir von ihrem wahren Ich zu berichten.

Stattdessen könntest du sie aber auch einladen, etwas Interessantes mit dir zu unternehmen. Erinnerst du dich noch an dein Vorhaben, bei Gewitter einen Drachen steigen zu lassen, um herauszufinden, was passiert, wenn er vom Blitz getroffen wird? Lade sie ein, dir dabei Gesellschaft zu leisten. Auf diese Weise wirst du Dinge über sie erfahren, die sie noch lange geheim halten wollte, wie zum Beispiel, dass sie es hasst, nass zu werden, oder ihr riesiges Sortiment an Schimpfwörtern.

Wenn man sich zum ersten Mal ein Haus anschafft, sieht man, wie hübsch es angestrichen ist, und kauft es. Beim zweiten Mal sieht man nach, ob es im Keller Termiten gibt. Mit Männern ist es dasselbe.

(Lupe Velez)

Taugen Männer auf lange Sicht überhaupt irgendetwas?

Ihr Adonis hat also dieses besondere Lächeln? Er hat urkomische Witze und höchst amüsante Anekdoten auf Lager? Was er sagt, klingt wie Poesie, und er besitzt schicke Klamotten, eine modische Frisur und eine Medaille? Er ist Experte für guten Wein? Was könnte man sich bei einem Mann noch wünschen?

Warten Sie ab, bis Adonis versucht, eine Tasse Tee zu machen, und Sie nach einer Anleitung fragen muss. Oh, und erst die Enttäuschung, wenn dieser gestählte, durchtrainierte Körper nicht einmal einen Dosenöffner richtig herum halten kann. Kochen müssen Sie also selbst, und, wie sich herausstellt, anschließend abspülen ebenfalls. Trotzdem sieht er toll aus, wenn er mit einem Glas Rioja in der Hand auf dem Sofa liegt, obwohl er offenbar doch nur drei urkomische Witze auf Lager hat, die er abwechselnd zum Besten gibt. Wenn Sie schließlich feststellen, dass sein Fachwissen in Bezug auf guten Wein nicht nur theoretischer Natur ist, sondern auch eine beunruhigend praktische Seite hat, wird es womöglich doch langsam Zeit, mit ihm Schluss zu machen.

Die traurige Wahrheit ist, dass Adonis' Vorstellung nicht auf eine langfristige Beziehung ausgelegt ist. Er hat nur kurze Affären. Er ähnelt dem Laubenvogel mehr, als er sollte, und gestaltet seine Arena verführerisch genug, um so manche Frau anzulocken, mit ihr eine Zeit lang zu turteln und sich dann der nächsten zuzuwenden.

Intelligenz ist von Vorteil, wenn man sie verbirgt.
(Mae West)

Dürfen Frauen intelligent sein?

Man möchte meinen, intelligente Frauen würden gut in unsere komplexe moderne Welt passen. Und doch sind einige Männer anderer Ansicht. Hier geraten der urzeitliche Affe und der moderne Mann in Konflikt. Affen-Männer herrschten aufgrund ihrer körperlichen Überlegenheit. In der intellektuellen Arena haben Männer diesen Vorteil nicht. Heutzutage erreichen Mädchen in fast allen Fächern bessere Noten als Jungs. Im Sportunterricht sind Jungs allerdings nach wie vor besser, und wenn ihnen danach ist, können sie einen Kampf gegen ein Mädchen gewinnen. Das bedeutet, dass Jungs sich letztlich doch durchsetzen.

Mae West rät Frauen, so clever zu sein, wie sie tatsächlich sind, aber so zu tun, als seien sie das nicht, um Auseinandersetzungen zu vermeiden. Mangel an Intelligenz vorzutäuschen, ist ziemlich schwierig, aber die meisten Frauen sind dazu in der Lage. Und sie tun es auch, und zwar öfter, als Männer glauben möchten. Deshalb wird eine Frau bei Auseinandersetzungen mit ihrem übergroßen Mann womöglich kapitulieren. Doch vielleicht ist sie gar nicht so nachgiebig, wie es scheint.

Er möchte im Urlaub nach Mailand. Ihr ist der Aufwand zu groß. Wäre es nicht einfacher, an die Küste nach Blackpool zu fahren? Er spricht ein Machtwort. Sie biegt sich wie ein Schilfrohr. In den folgenden Tagen kreist die Unterhaltung immer wieder um die globale Erwärmung. Er regt sich ziemlich über die Verschwendung kostbarer Ressourcen auf. Sie findet heraus, wie viel Treibstoff ein Flugzeug auf dem Weg von England nach Mailand verbraucht, und sagt es ihm. Kurze Zeit später buchen die beiden eine Woche im Grand Metropole Hotel an der Princess Parade in Blackpool.

Männer lassen die Finger von schlauen Frauen.

(Lettie Gottin Pogrebin)

Die dumme Blondine spielen?

Frauen lernen bereits sehr früh, wie sie Männern auf die sanfte Tour Herr werden. Von Kindesbeinen an werden sie von testosterongeladenen Kerlen gepiesackt und wissen, wie hart es ist, ein unbewegliches Ziel zu sein, wenn man mit der unbändigen

Kraft männlicher Entschlossenheit konfrontiert ist. Sie haben ihr ganzes Leben lang Zeit, sich all die schauspielerischen Fähigkeiten anzueignen, die erforderlich sind, um nicht in Stücke gerissen zu werden. Wenn Männer in Bekanntschaftsanzeigen nach Frauen mit »Sinn für Humor« suchen, haben sie keine Schlaumeierinnen oder Komödiantinnen im Visier. Das ist nicht das, was sie unter Sinn für Humor verstehen. Sie meinen damit jemanden, der schallend über *ihre* Witze lacht. Angeblich sind alle Männer auf der Suche nach einer dummen Blondine.

Die amerikanische Country-Sängerin Dolly Parton versteht es perfekt, die dumme Blondine zu mimen. Alles an ihr deutet darauf hin, sie sei süß und leichtgläubig, würde über die Witze anderer lachen und es nicht wagen, selbst einen zu machen. Allerdings wäre sie nicht dorthin gekommen, wo sie ist, wenn sie tatsächlich so beschränkt wäre. In Wahrheit verbirgt sich hinter der Maskerade ein scharfer Verstand. Überlassen wir ihr das letzte Wort:

> »All die Witze über dumme Blondinen stören mich nicht im Geringsten, weil ich weiß, dass ich nicht dumm bin ... und ich weiß auch, dass ich nicht blond bin.«

Schönheit ist nur oberflächlich, Hässlichkeit geht durch und durch.

Speed-Dating

Einige der Attribute, die wir Schönheit nennen, sind nicht nur eine Frage des persönlichen Geschmacks, sondern verfügen auch über praktische Aspekte: schöne Haut, da glatte Haut auf einen gesunden Körper und ein intaktes Immunsystem schließen lässt; Symmetrie von Gesicht und Figur, da Asymmetrie unter Umständen auf unerwünschte genetische Fehler hindeutet. Die Vorstellung des Laubenvogels vermittelt einen Überblick über seine Kunstfertigkeit, seine Energie etc. Manchmal bleibt Menschen ebenso wenig Zeit, um zu beeindrucken, wie sich am Beispiel des alljährlichen Geerewol-Fests der Wodaabe zeigt.

Die Wodaabe sind ein stolzes Nomadenvolk, das über die wüstenartige Sahelzone im westafrikanischen Niger verstreut lebt. Ihre großen Versammlungen, oder Geerewol, bieten den Frauen die Gelegenheit – und zwar die einzige Gelegenheit –, sich einen Ehemann auszusuchen. Stattliche Größe, reine Haut, weiße Zähne und funkelnde Augen gelten als die begehrenswertesten Merkmale bei Männern. Da es sich bei den Wodaabe um Nomaden handelt, verstreuen sie sich bald wieder über die Wüste. Aus diesem Grund haben die hoffnungsvollen Männer einen Tanz entwickelt, bei dem sie in kürzester Zeit alle diese Attribute präsentieren können. Sie stellen sich auf Zehenspitzen vor den

Frauen auf, um größer zu wirken, rollen mit den Augen, um ihnen zu demonstrieren, wie weiß diese sind, und grinsen dabei die ganze Zeit über breit, um ihre Zähne zu zeigen. Die Wodaabe-Frauen müssen allein anhand dieser Darbietung rasch auswählen.

> **Wenn die Natur gewollt hätte, dass man unser Skelett sieht, hätte sie es außen am Körper angebracht.**
>
> *(Elmer Rice)*

Wie dünn ist dünn genug?

Eine schlanke Figur entspricht dem Schönheitsideal in westlichen Ländern. Doch das war nicht immer so. Klassische Gemälde von der Liebesgöttin Venus zeigen häufig eine recht füllige Schönheit, und das aus gutem Grund. In vergangenen Zeiten, als Nahrungsmittelknappheit herrschte, waren Fettreserven überaus nützlich. Da eine Schwangerschaft den Körperressourcen der werdenden Mutter einiges abverlangt, war Molligkeit ein Pluspunkt. Rubens' *Das Urteil des Paris* (ca. 1632, vgl. Abb. auf S. 65) zeigt drei junge Frauen, die zur damaligen Zeit als schön galten, es heutzutage allerdings nicht mehr in die Glamour-Zeitschriften schaffen würden. In der Tat betrachten viele asiatische und afrikanische Kulturen die Modeschauen der modernen westlichen Welt mit blankem Entsetzen – für einen Tahitianer sehen Supermodels halb verhungert aus.

Männer galten in der Vergangenheit ebenfalls als attraktiver, wenn sie fettleibig waren. Korpulenz war ein Zeichen für Wohlstand. Diese Zeiten sind allerdings vorbei; heutzutage wird Fettleibigkeit mit reichhaltigem Essen und armseliger Selbstbeherrschung assoziiert.

Tell me, tell me, tell me why, I want to know the fact: why all the black people want to go white and the white people want to go black? (»Sagt mir warum, denn ich will es wissen: Warum wollen alle Schwarzen weiß sein und alle Weißen schwarz?)

(Jeremy Taylor)

Sonnen oder nicht sonnen?

Die Hautfarbenmode hat sich im Lauf der Jahrhunderte immer wieder gewandelt. In Europa galt gebräunte Haut bis ins 20. Jahrhundert als hässlich und als Anzeichen für das Leben auf dem Feld. Höfische Damen bedeckten sich, um ihre aristokratische Abstammung zu betonen, da weiße Haut als schön und als Erkennungszeichen für Prinzessinnen galt (daher auch der Name

»Schneewittchen«). Heutzutage ist es genau umgekehrt: Blasse Haut zeugt von stumpfsinniger Schufterei im Büro, während gebräunte Haut darauf hindeutet, dass jemand viele Stunden entspannt in der Sonne gelegen hat, ein Vorrecht reicher Müßiggänger. In Südostasien dagegen gilt blasse Haut als europäisches Merkmal und wird von Frauen so begehrt, dass überall gesichtsaufhellende Seife verkauft wird. Wendet man sie regelmäßig an, entfernt sie den Teint, den sich Europäer so mühsam erarbeiten. In Europa können Männer und Frauen, die sich in geschlossenen Räumen abrackern, sich Bräune aufsprühen las-

sen, damit es aussieht, als hätten sie nichts Besseres zu tun, als zwischen ihrer Heimat und den Bahamas hin und her zu jetten. Die Behandlung dauert zehn Minuten und kann deshalb leicht in den Terminkalender eingebaut werden.

Die Liebe ist ein dringliches Begehren, das man dringlich begehrt.

(Robert Frost)

Der Feinschliff der Vorstellung

Hier ist der Haken an der Sache: Wenn eine Frau begehrt werden möchte, ist das kein großes Problem. Sie kann sich attraktiv kleiden und sich ins Nachtleben stürzen. Doch womöglich gibt es dann jemanden, der sie ein bisschen zu dringlich begehren wird. Unwillkommene Annäherungsversuche von Männern sind immer ein Problem, wenn man sich als Frau in Szene setzt.

Wie kann eine Frau Theater spielen, um den richtigen Mann anzulocken, und dabei alle anderen Männer auf Distanz halten? Dazu muss sie in der Lage sein, sie gleichzeitig zu ködern und fernzuhalten, so wie ein Fischer, der sich wünscht, dass ihm nur bestimmte Fische ins Netz gehen. Das ist ein überaus schwieriger Balanceakt. Eine wirkungsvolle Vorstellung, die Ehrlichkeit, Mitgefühl und Zuneigung ausstrahlt, hat zur Folge, dass sich alle Männer, die ihr begegnen, um sie scharen. Doch sie dürfen die Markierung nicht übertreten. Gleichzeitig muss sie einen völlig natürlichen, unbeschwerten Eindruck vermitteln und ihre Wirkung dabei genau beobachten. Beim Flirten gelten strenge Regeln: keine anzüglichen Bemerkungen, keine Berührungen. Jeder Verstoß gegen diese Regeln sorgt dafür, dass die Guillotine der Unterhaltung den Garaus macht. Die Frau signalisiert, dass das Gespräch beendet und der Gesprächspartner nicht mehr erwünscht ist. Wenn sie Glück hat, wird dieser es bemerken.

4. Auf Herz und Nieren

Das Leben gleicht einem Puzzle, bei dem etliche Teile fehlen. Die Lücken gilt es mit Fantasie zu füllen. Glücklicherweise verfügt das Gehirn über die entsprechenden Mechanismen, um das zu bewerkstelligen. Unglücklicherweise funktionieren diese Mechanismen mehr schlecht als recht.

Wunderbarerweise eröffnet uns das die Möglichkeit, die Psychologie der Wahrnehmung in Extremsituationen (Lust) zu studieren.

Bedauerlicherweise sind wir aufgrund dieses Studiums auch nicht schlauer als zuvor.

Man sollte sich nie zu sehr davon beeindrucken lassen, wie jemand von hinten aussieht.

Ratespiele

Psychologen haben drei Mechanismen zur Analyse der Umwelt identifiziert:

Aufmerksamkeitsfokussierung: Man konzentriert sich nur auf wenige Aspekte und ignoriert die übrigen, das heißt, man benutzt nur wenige »Puzzleteile«. Wenn einen jemandes Rücken entzückt, handelt es sich in diesem Fall bei den betreffenden Puzzleteilen um die Rückansicht der Beine, des Pos und der Haare.

Kognitiver Geiz: Aufgrund dessen, was man sieht, kommt man immer zur einfachsten Schlussfolgerung: Gefällt einem die Hinteransicht, geht man davon aus, dass einem die Vorderansicht auch gefallen wird.

Naive Wissenschaft: Man stellt anhand dessen, was man sieht, Verbindungen her, um eine Geschichte erzählen zu können, und fügt dabei bei Bedarf einige eigene Puzzleteile hinzu. In diesem Fall hat man einen vermeintlich attraktiven Menschen gesehen und geht davon aus, dass man sich mit ihm hervorragend verstehen würde, wenn man ihn doch nur besser kennen lernen könnte.

Ich nenne dieses fatale Trio **vereinfachendes** Denken, **unlogisches** Denken und **naives** Denken – kurz V.U.N.

Sexappeal besteht zu fünfzig Prozent aus dem, was man zu bieten hat, und zu fünfzig Prozent aus dem, was andere bei einem vermuten.

Die Anwendung von V.U.N.

V.U.N. lässt sich leicht auf Bekleidung anwenden: Wenn fünfzig Prozent des Körpers sichtbar und die anderen fünfzig Prozent verhüllt sind, werden letztere mit Hilfe von V.U.N. ergänzt.

Die meisten erotischen Abbildungen von Frauen und Männern funktionieren nicht deshalb, weil die betreffende Person nackt ist, sondern weil sie *fast* nackt ist. Seltsamerweise möchten die Leute das andere Geschlecht offenbar nackt sehen, bevorzugen aber seinen Anblick im halb-bekleideten Zustand. Letzteres wird »enthüllendes Kleiden« genannt, was natürlich die falsche Bezeichnung ist, da Kleidungsstücke immer verhüllend sind. Was enthüllt wird, ist die Fantasie des Betrachters.

Das fünfzig-fünfzig-Verhältnis ändert sich, wenn einem das andere Geschlecht für eine gewisse Zeit vorenthalten wurde, wie beispielsweise nach einem Monat auf See. In diesem Fall genügen unter Umständen bereits zehn Prozent dessen, was jemand zu bieten hat, für gehörigen Sexappeal. Die Fantasie des armen Betrachters läuft auf Hochtouren und liefert die restlichen neunzig Prozent.

Verhalte dich still, dann werden dich andere für einen Philosophen halten.

Weniger ist mehr

Wissenschaftliche Untersuchungen haben ergeben, dass sich fünfzig Prozent unseres Charakters aus unserer Körpersprache ableiten lassen, dreißig Prozent aus der Art und Weise, wie wir sprechen, und weniger als zehn Prozent aus dem, was wir tatsächlich sagen. Also halten Sie den Mund. Sobald Sie auch nur ein Wort sagen, ruinieren Sie Ihre Wirkung.

Vielleicht möchten Sie ja an Ihrer Körpersprache arbeiten, nachdem sie fünfzig Prozent Ihres Charmes ausmacht. Die gute Nachricht lautet, dass es heutzutage zahlreiche Bücher zu diesem Thema gibt. Die schlechte Nachricht ist, dass Ihre Körpersprache vermutlich wochenlang »Krüppel« sagen wird, wenn Sie diese Bücher alle nach Hause schleppen.

In der Zwischenzeit sollten Sie so wenig wie möglich sagen, wenn Sie in ein Gespräch verwickelt werden. Geben Sie nur ein paar Puzzleteile preis, und beobachten Sie, wie Ihr Gegenüber den Rest des Bildes mit Hilfe von V.U.N. erfindet.

Bis man seinen hübschen Prinzen findet, muss man eine Menge Frösche küssen.

Die Macht von V.U.N.

Obiges Murphy-Gesetz ist eine Mogelpackung. Man muss tatsächlich eine Menge Frösche küssen, doch diese scheinen keine Frösche zu sein, wenn man beschließt, sie zu küssen. Sie scheinen Prinzen zu sein. Erst wenn sich Ihre Lippen treffen, verwandelt sich der Prinz in eine Amphibie.

Wie kann ein Frosch wie ein Prinz aussehen? Aufgrund von

V.U.N. natürlich, das mit Leichtigkeit eine märchenhafte Romanze zwischen Ihnen beiden entstehen lässt.

Er ist ein Prinz. Das *ist* er. Vielleicht ist er ein bisschen klein geraten, aber das sind viele Prinzen. Sie können trotzdem eine tiefgründige, erfüllende Beziehung miteinander führen. Was macht es schon, dass er breite Füße hat, viel Zeit im Swimmingpool verbringt und grün ist? Ihre Liebe ist stark genug, um die Spezies-Barriere zu überwinden.

Dann kommt der Kuss, der feuchte, kalte Kuss – und die Realität holt Sie ein. Schon wieder eine Enttäuschung. Im Gehen schütteln Sie ungläubig den Kopf, weil Sie sich schon wieder von einem Frosch zum Narren haben halten lassen, und schwören sich, dass das nie wieder vorkommen wird. Von nun an werden Sie vorsichtiger sein.

Eine Woche später sehnen Sie sich allerdings schon wieder so sehr nach Liebe, dass Sie Ihren Kühlschrank um ein Rendezvous bitten.

Es ist schon erstaunlich, wie durchgängig der Trugschluss ist, Schönheit sei mit Güte gleichzusetzen.
(Leo Tolstoi)

Die »Schönheitsfalle«

Warum verlieben wir uns in schöne Menschen? Ist dafür ausschließlich V.U.N. verantwortlich, weil unser **vereinfachender** Verstand nur die äußere Erscheinung betrachtet, unser **unlogisches** Denken nur das Beste vermutet und unser **naives** Gehirn eine nette Geschichte erfindet? Die Märchen, die wir als Kinder erzählt bekommen, sind von »Schönen« und »Hübschen« bevölkert, die gut sind. Ihnen gegenüber stehen »Hässliche«, die böse sind. Um die Dinge noch weiter zu vereinfachen, ist jeder über fünfundzwanzig alt, hässlich und obendrein auch noch böse. Wie es scheint, entwickeln sich unsere Standards schon in jungen Jahren.

Wir haben bereits den biologischen Grund dafür kennen gelernt, weshalb wir Menschen mit symmetrischem Gesicht, reiner Haut und ansprechender Haarfarbe anziehend finden (siehe S. 61 f.), aber wie Tolstoi betont, ist die Illusion, dass Schönheit mit Güte gleichzusetzen sei, beinahe perfekt. Eine nützliche Richtlinie ist zu einem unausweichlichen Gesetz geworden.

Es gibt jedoch noch einen weiteren Faktor, der auf Seite 101ff. genauer erklärt wird. Sobald wir zu dem Schluss gekommen sind, dass wir jemanden lieben, wird diese Person tatsächlich schön, da sich unsere Wahrnehmung von ihr verändert. Vereinfachend, unlogisch und naiv, wie wir sind, nehmen wir die angebotenen fünfzig Prozent zur Kenntnis und fügen großzügige fünfzig Prozent selbst hinzu.

Intelligenz x Attraktivität x Verfügbarkeit = 0

Die Wissenschaft vom perfekten Partner

Statistiker haben viele interessante Daten gesammelt, die darauf hindeuten, dass es einen vorhersagbaren Weg gibt, um den perfekten Partner zu finden. Wir neigen dazu, uns Partner derselben ethnischen Abstammung zu suchen; in der Regel haben sie ein ähnliches Alter, dieselbe Religion, entstammen einer ähnlichen sozioökonomischen Schicht, teilen dieselben politischen Ansichten, haben ähnliche Interessen, einen annähernd gleichen Intelligenzquotienten und wohnen in derselben Gegend. All das ist nicht überraschend, engt die Auswahl an potenziellen Partnern allerdings auf ein paar Tausend ein. Es gibt aber auch unerwartetere Übereinstimmungen. Statistiken zufolge existieren bei Partnern häufig Ähnlichkeiten hinsichtlich des Umfangs ihrer Handgelenke, der Größe ihrer Ohrläppchen, der Breite ihrer Nase, der Länge ihrer Mittelfinger, ihres Augenabstands und sogar des Lungenvolumens!

Statistiker haben also die Antwort parat. Wir brauchen nichts weiter zu tun, als unsere Maße ins Internet zu stellen und zu warten, bis sich jemand mit den passenden Proportionen findet. Volltreffer! Die Liebe ist ein alter Hut. Mit einem Mausklick lässt sich alles regeln.

Statistiker sollten öfter unter Leute gehen.

Macht ist das stärkste Aphrodisiakum.

(Henry Kissinger)

Die Macht der Macht

Henry Kissinger muss noch etwas anderes zu bieten haben als sein Aussehen. Tatsächlich sollte einem die lange Reihe unattraktiver Politiker, denen es gelungen ist, ihre Sekretärinnen zu verführen, zu denken geben. Ein Evolutionspsychologe würde wissend auf die beruhigende Wirkung von Macht und Wohlstand hinweisen, mit der die Betreffenden aufwarten können, und anmerken: »Habe ich es doch gesagt.« Im Tierreich sind Macht und Wohlstand mit Lebensraum und Nahrung für den Nachwuchs gleichzusetzen. Die Macht, Lebensraum zu schaffen und zu verteidigen ist von entscheidender Bedeutung, ob es sich um das Nest am Flussufer handelt, das der Stichling tapfer verteidigt, um das Territorium, das der Schimpanse durchstreift, oder um die Hegemonie des österreichisch-ungarischen Imperiums.

In seinem Buch *Die sexuelle Evolution – Partnerwahl und die Entstehung des Geistes* beschreibt Geoffrey Miller das Auftreten von Politikern im Parlament als sexuelle Provokation und stellt es auf eine Stufe mit dem Aufstellen der Schwanzfedern bei Pfauen. Werberituale sind grundsätzlich anhand bestimmter biologischer Kriterien zu erkennen. »Sie sind teuer in der Herstellung und aufwendig im Unterhalt, sie gehen auf Kosten des Überlebens, bieten jedoch Vorteile bei der Fortpflanzung, sie sind laut, leuchtend, rhythmisch, komplexer und kreativ, um die Sinne zu stimulieren, sie treten nach der Geschlechtsreife und während der Brutzeit häufiger auf…«

Mein Problem besteht darin, meinen unbescheidenen Lebenswandel mit meinem bescheidenen Einkommen in Einklang zu bringen.

(Errol Flynn)

Wonach wir suchen

Wissenschaftler aller Länder, ob arm oder reich, stellen zu niemandes großer Überraschung fest, dass Frauen Wohlstand oder das Potenzial, Wohlstand zu erreichen, attraktiv finden. Die Gründe dafür liegen auf der Hand. Aus denselben Gründen fühlen sich Laubenvogelweibchen zum bestdekorierten Nest oder Seekühe zum fettleibigsten Männchen hingezogen. Wenn es darum geht, Nachwuchs großzuziehen, werden Nahrung und ein Nistplatz benötigt. Der Mann mit dem reichsten Erscheinungsbild wird dies am ehesten bieten können.

Können Sie sich vorstellen, dass eine Frau, die Ihnen tief in die Augen sieht, in Wirklichkeit durch Sie hindurch auf Ihre Kontoauszüge der vergangenen drei Jahre blickt? Wenn sie vernünftig ist und Sie als Partner in Betracht zieht, muss sie das tun.

Das Problem liegt in der Formulierung: »Wenn sie vernünftig ist…« Wer ist schon vernünftig, abgesehen von Mr. Spock? Wie wir bald feststellen werden, befinden sich unsere Instinkte und Emotionen in stetigem Konflikt mit unserem gesunden Menschenverstand und unserem Anstand. Mit Vernunftmenschen geht es steil bergab, sobald sie sich verlieben…

> *If you feel romantic, laddy, let me warn you from the start that my heart belongs to daddy and my daddy belongs to my heart.*
> **(»Falls du romantische Absichten hast, mein Freund, dann lass mich dich gleich zu Beginn warnen, dass mein Herz meinem Daddy gehört und mein Daddy in meinem Herzen Platz hat.«)**
>
> *(Cole Porter)*

Familienwerte

Andere Urteile, die wir bei der Auswahl des richtigen Partners treffen, versetzen uns zurück in unsere Kindheit. Unsere Eltern, die erste Liebe unseres Lebens, beeinflussen dabei unsere Entscheidung. Männer bevorzugen Freundinnen, die sie an ihre Mutter erinnern, Frauen suchen nach Freunden, die ihrem Vater ähneln.

Patrick Bateson beschreibt in seinem Buch *Mate Choice* ein Experiment, bei dem japanische Wachteln gezüchtet wurden, die es mit weißem und mit braunem Gefieder gibt. Dabei wurden einige Wachteleier bewusst vertauscht, sodass jeweils eine weiße Wachtel von braunen Eltern mit braunen Geschwistern aufgezogen wurde, während mehrere weiße Wachtelpärchen jeweils ein braunes Junges in ihrem Nest vorfanden. Als die »vertauschten« Wachteln geschlechtsreif wurden, paarten sie sich vorzugsweise mit andersfarbigen Wachteln. Die Gefiederfarbe, mit der sie aufgewachsen waren, war ihnen demnach vertrauter. Wie es scheint, genießen auch wir die Gesellschaft unserer Familie so sehr, dass wir bei unseren Partnern nach etwas Ähnlichem suchen.

Man sollte versuchen, keine Erfahrung auszulassen, bis auf Inzest und Volkstanz.

(Sir Arnold Bax)

Inzest

Es gibt einen Ort, an dem man Menschen findet, die einem in vieler Hinsicht ähneln, und das ist bei sich zu Hause. Warum heiraten wir nicht innerhalb der Familie, um Zeit zu sparen? Angehörige sind reichlich vorhanden, teilen viele unserer Wesenszüge mit uns und kennen unsere kleinen Macken.

Der Grund, weshalb das in einer Katastrophe enden würde, hat etwas mit unseren Genen zu tun. Der Prozess zur Produktion von Nachkommen, den wir Menschen und die meisten Tiere anwenden – sexuelle Fortpflanzung –, setzt voraus, dass wir zwei verschiedene Sätze Gene in uns tragen: einen von unserer Mutter, den anderen von unserem Vater. Falls Arnolds Eltern tatsächlich Geschwister wären, würden sich seine beiden Gensätze ähneln. Besäßen ihre Gene einen Fehler, wäre die Wahrscheinlichkeit doppelt so groß, dass Arnold diesen geerbt hat und vermutlich darunter leidet.

Mukoviszidose wird von der Mutation eines Gens ausgelöst, das als Cystisches-Fibrose-Transmembran-Regulatorprotein (CFTR) bezeichnet wird. Wir erben das CFTR-Gen von beiden Elternteilen (sodass wir über zwei CFTR-Gene verfügen), und solange eines davon in Ordnung ist, ist auch mit uns alles in Ordnung. Unsere Eltern könnten allerdings Überträger sein, die ein mutiertes Gen besitzen, aber nicht unter der Krankheit leiden, weil das andere CFTR-Gen normal funktioniert.

Wenn beide Elternteile ein mutiertes Gen an Arnold weitergeben, besitzt er zwei fehlerhafte CFTR-Gene und leidet an Mukoviszidose. Das kommt auf dieser Welt oft genug vor – einer von fünfundzwanzig Menschen trägt dieses Gen in sich –, doch im Fall von Inzest ist die Wahrscheinlichkeit wesentlich höher, dass das Kind an der Erkrankung leidet. Aus diesem Grund ist von Inzest dringend abzuraten. Die Warnung vor Volkstanz erklärt sich von selbst.

Vertrautheit schürt Verachtung.

Weshalb Inzest so selten vorkommt

Man möchte meinen, die Tatsache, dass Inzest so naheliegend ist, würde die meisten logischen Einwände aus dem Weg räumen. Warum ist Inzest trotzdem ein so seltenes Phänomen? Dafür gibt es zwei Gründe. Einer davon ist, dass er jeglicher Romantik entbehrt.

1971 erstellte Joseph Shepher eine Studie über 2769 Kinder in einem israelischen Kibbuz. Alle von ihnen waren im Kibbuz auf die Welt gekommen und hatten, wie es üblich war, keinen engen Kontakt mit ihren Eltern gehabt. Stattdessen waren sie zusammen mit Gleichaltrigen in Kibbuz-Kindergärten erzogen worden, wo sie gemeinsam spielten, aßen, schliefen und lernten. Die Eltern wurden angehalten, alle Kibbuz-Kinder als »Gemeinschaftseigentum« zu betrachten, und daran gehindert, eine besonders enge Bindung zu ihren eigenen Sprösslingen aufzubauen. Als die Kinder ins heiratsfähige Alter kamen, suchten alle bis auf dreizehn außerhalb des Kibbuz nach Partnern. Obwohl für die große Mehrheit von ihnen keine Inzestgefahr bestand, kamen ihre »Brüder und Schwestern« für sie nicht als mögliche Ehepartner infrage. Vertrautheit schürte in diesem Fall zwar keine Verachtung, aber zumindest Gleichgültigkeit.

Der zweite Grund, weshalb Inzest verhältnismäßig selten vorkommt, wird im Abschnitt über Hormone auf den Seiten 85 bis 107 erklärt. Wir riechen es, wenn wir uns von der falschen Person angezogen fühlen. Der genetische Typus wird in Form von winzigen Signalmolekülen, so genannten Pheromonen, über den Schweiß angezeigt. Auf diese Weise nehmen wir unbewusst zur Kenntnis, ob jemandes Gene die richtigen für uns sind.

Ich ziehe es vor, ins warme Wasser zu springen, denn davon wird man wenigstens sauber.

(G. K. Chesterton)

Das Handicap-Prinzip

Die Evolutionspsychologie ist uns noch immer eine Erklärung für einige ziemlich merkwürdige Verhaltensweisen schuldig, zu denen Risikobereitschaft, Alkoholgenuss und Drogenmissbrauch zählen. Männer tun diese Dinge und meinen, damit erst wirkliche Männer zu sein, und viele Frauen fühlen sich von solch fragwürdigem Verhalten angezogen. Aber entsteht daraus ein evolutionärer Vorteil? Die liebenswürdigen Wissenschaftler suchen noch immer nach einer vernünftigen Erklärung für etwas, was den meisten von uns ziemlich unvernünftig erscheint.

Der Evolutionsbiologe Amotz Zahavi ist möglicherweise auf dem richtigen Weg. Das so genannte »Handicap-Prinzip«, das er 1975 vorstellte, versucht das unerklärlich nutzlose Schwanzgefieder des Pfaus zu erklären, das zwar schick aussieht, ihn jedoch an einer schnellen Flucht hindert, wenn sich ein Raubtier nähert. Pfauhennen, die nach einem Partner Ausschau halten, dem es gelingt, nicht gefressen zu werden, bis sie ihre Brut aufgezogen haben, sollten Männchen mit einer solchen Behinderung eigentlich meiden. Mit anderen Worten, die Evolution hätte dafür sorgen müssen, dass das Schwanzgefieder des Pfaus verschwindet. Doch es existiert noch immer, zur Freude der Pfauhennen und zur Verwunderung von Verhaltensforschern. Zahavi zufolge vermittelt das Schwanzgefieder des Pfaus die Botschaft: »Sieh mich an, ich habe diese riesige Behinderung an meinem Hinterteil, und trotzdem bin ich in der Lage herumzuhüpfen, mich herauszuputzen und nützlich zu sein. Ich muss top in Form sein!« Wenn man diese Argumentation weiterführt, lassen sich damit auch exzessive Trinkgelage erklären. Der Kerl sagt: »Sieh mich an, ich saufe mir jedes Wochenende die Hucke voll, und trotzdem kann ich am Montag zur Arbeit torkeln und mit schwerem Gerät hantieren. Möchtest du mich heiraten?« Nun ja, nur weil eine Erklärung weit hergeholt ist, muss sie noch lange nicht falsch sein. Zu Zeiten des Schwertes galten Duell-Narben als äußerst attraktiv. Heutzutage werden Schusswunden stolz zur Schau gestellt. Ein eingegipstes Bein infolge eines Skiunfalls deutet eher auf Verwegenheit hin als auf einen Mangel an Geschick beim Skilaufen. Auch eine gebrochene Nase hat durchaus ihren Reiz ...

5. Vorsicht, Rutschgefahr!

Bislang haben wir uns vom Abgrund ferngehalten. Auf eher arglose Art und Weise haben wir uns relativ distanziert angesehen, in welcher Beziehung wir zu unserer Familie, unseren Freunden und dem anderen Geschlecht stehen und welch imposanten Balztanz wir mit Letzterem aufführen. Jetzt wird es Zeit, dass wir uns auf den abschüssigen Hang begeben, von dem es kein Zurück mehr gibt. Ganz oben auf dem Hang thront die Lust. Ganz unten liegen gebrochene Herzen. Wie sehr man sich auch sträubt, wer nach der einen greift, wird zwischen den anderen landen. Der rutschige Hang ist mit Hormonen geschmiert.

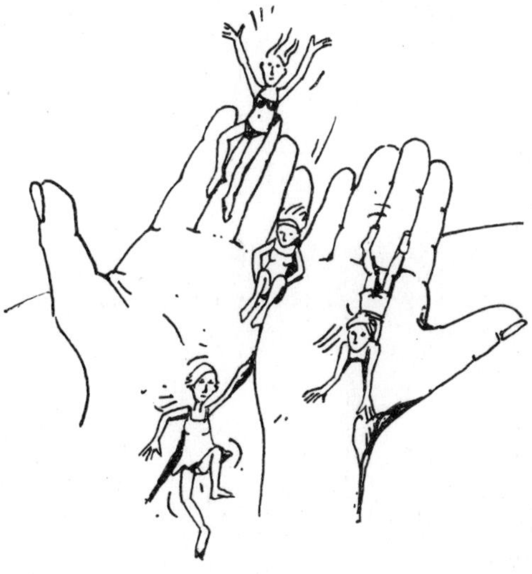

Die Liebe ist nur ein schmutziger Trick, um das Fortbestehen der Menschheit zu sichern.

(W. Somerset Maugham)

Hormone sind diejenigen chemischen Stoffe, die das limbische System mitten im primitivsten Teils des Gehirns beherrschen. In der einen oder anderen Form gab es bereits vor drei Milliarden Jahren Hormone, die das Verhalten der Bakterien kontrollierten, aus denen sich schließlich der Mensch entwickelte (siehe S. 168 ff.). Die menschliche Intelligenz ist dagegen eine viel jüngere Erfindung, da die Nerven – zunächst bei Quallen – erst vor sechshundert Millionen Jahren entstanden. Wenngleich sich das Nervensystem seit damals auch enorm weiterentwickelt hat, ist es bis heute nicht wirklich in der Lage, unsere grundlegenden, von Hormonen ausgelösten Bedürfnisse zu beeinflussen. Genau genommen hat sich das Nervensystem sogar eigens zu dem Zweck weiterentwickelt, um Hormone effizienter zu machen. Jeder Raucher kann bestätigen, wie fest chemisch verursachte Bedürfnisse die grauen Zellen im Griff haben. Der Verstand mag zwar zahllose überzeugende Argumente für die schädliche Wirkung des Rauchens kennen, doch der Drang zu rauchen ist schließlich doch stärker. Was Sex anbetrifft, gilt genau das gleiche: Hormone herrschen.

Zwischen einem klugen Menschen und einem Dummkopf besteht kein Unterschied, sobald sie sich verlieben.

Hormone

Mit den Hormonen, die für Liebesgefühle verantwortlich sind, ist nicht zu spaßen. Sie stellen uns auf den Kopf und schütteln uns durch, bis unsere Zähne klappern, und lassen sich nicht auf eine vernünftige Diskussion ein (in der ein kluger Kopf sich womöglich durchsetzen könnte). Unser messerscharfer Verstand wird von den starken chemischen Stoffen weich gekocht, die unser limbisches System absondert.

Erregung macht sich breit, weil die Nebenniere Adrenalin ausschüttet. Nachdem Hoden oder Eierstöcke Testosteron abgesondert haben (siehe S. 97 f.), verspürt man plötzlich sexuelles Verlangen. Man fühlt sich euphorisch, da Phenylethylamin (PEA) in den Blutkreislauf gelangt ist (siehe S. 98 f.). Vasopressin löst Zuneigung aus (siehe S. 105 f.), Oxytocin sorgt für Glücksgefühle (siehe S. 105 f.), und allem voran kommt es zum verheerenden Verlust jeglicher Vernunft, für den der verringerte Serotonin-Spiegel verantwortlich ist (siehe S. 101 f.).

Kluge Köpfe haben den Nachteil, dass sie tiefer fallen. Ein Dummkopf ist und bleibt ein Dummkopf; ein kluger Kopf hat dagegen viel Mühe investiert, um kein Dummkopf zu sein. Wie peinlich!

Glaubst du an Liebe auf den ersten Blick, oder muss ich noch einmal an dir vorbeigehen?

Der Drang zu lieben

Liebe auf den ersten Blick ist das Schnabeltier des Verstands: Sie ist völlig grotesk, aber unweigerlich existent. Die Wissenschaft muss allerdings erst noch eine Erklärung für sie finden.

Liebe auf den ersten Blick widerfährt einem erstmals unter Umständen schon zu Beginn der Pubertät. Man ist erst dreizehn, hat aber bereits das Poster eines Popstars an der Wand hängen. Das ist charakteristisch für die Liebe auf den ersten Blick: Man ist in jemanden vernarrt, den man noch nicht einmal persönlich kennen gelernt hat. Der »erste Blick« hat bei *Top of the Pops* stattgefunden, und man war sofort im siebten Himmel.

Einige Zeit später passiert noch einmal dasselbe, diesmal allerdings bei einem realen Menschen und in nächster Nähe. Das ist die gefährlichere Variante dieses Phänomens. Deshalb ist es unter Umständen hilfreich zu wissen, was in einem vor sich geht, wenn man wie vom Donner gerührt dasteht.

Was wir als Erstes lernen, wenn wir die Liebe auf den ersten Blick unter die Lupe nehmen, ist, dass wir für die Liebe geschaffen sind. Wir sind Baby-Produktionsmaschinen, und wir stammen von zahllosen Generationen von Baby-Produktionsmaschinen ab. Seit sich vor dreieinhalb Milliarden Jahren das erste DNA-Molekül zweigeteilt hat, sind immer nur diejenigen in den Genuss der Evolution gekommen, die eine Folgegeneration produziert haben, die wieder eine Folgegeneration produziert hat und so weiter. Damals war keine Zeit, um sich rar zu machen, um sich zu verabreden oder für irgendetwas anderes in dieser Richtung. Nur wer schnell war, schaffte es in die nächste Runde.

Wenn Ihnen Liebe auf den ersten Blick widerfährt, wissen Sie, dass Sie bereit sind, die Evolution wieder einen Schritt voranzubringen.

Die einzig wahre Liebe ist die Liebe auf den ersten Blick, denn der zweite Blick zerstört sie.

(Israel Zangwill)

Warum es keine Alternative gibt

Das Phänomen, dass ein bestimmter Mensch strahlend schön erscheint, während die anderen Personen im Raum – auf ihre Weise ähnlich interessant – ziemlich farblos wirken, wurde von der Forschung eingehend untersucht.

Zunächst einmal handelt es sich hier nicht um einen göttlichen Funken. Die Person, die vor Ihnen steht, ist kein Engel, wenngleich sie wie einer schimmert. Das Schicksal hat Sie nicht zusammengeführt. Sie wurden nicht füreinander geboren. Der gesamte Kosmos wurde nicht erschaffen, damit genau dieser Augenblick eintreten kann.

Trotzdem fühlt es sich so an, nicht wahr? Und dafür gibt es einen guten psychologischen Grund.

Die erste Reaktion wird von Hormonen ausgelöst. Es ist das limbische System mit seinen primitiven chemischen Stoffen, das die Zügel in der Hand hat. Später schaltet sich die Gehirnrinde ein und versucht, aus dem Durcheinander schlau zu werden. Mit anderen Worten, man sagt nicht: »Die Person vor mir hat reine Haut, ein symmetrisches Gesicht, eine hervorragende Haltung und denselben Augenabstand wie ich, deshalb sollte ich besser amouröse Gefühle haben«, sondern man sagt: »Meine Güte, ich habe Feuer gefangen! Mein Herz schlägt wie verrückt! Ich bin knallrot im Gesicht! Wie soll ich diese Gefühle deuten? Mir steht ein Engel gegenüber, das ist die einzige logische Erklärung!« Die erste Reaktion ist Lust, die zweite – falls es einem gelingt, lange genug durchzuhalten – ist eine kühlere Beurteilung.

Das Huhn ist für das Ei nur ein Mittel zum Zweck der Fortpflanzung.

(Samuel Butler)

Wie man sich fortpflanzt

Es gibt viele verschiedene Möglichkeiten, um die nächste Generation hervorzubringen. Manche Tiere tun es, indem sie überall Ei- und Samenzellen verteilen und die Daumen drücken (oder vielmehr die Flossen, da wir in diesem Fall von Heringen sprechen). Andere, wie zum Beispiel wir Menschen, sind etwas pingeliger, produzieren Babys ganz langsam, eines nach dem anderen, und kümmern sich fürsorglich um jedes einzelne. Jahrelang.

Wenn wir also Herzklopfen bekommen, rot anlaufen, vor Verlegenheit stottern und leicht zu sabbern beginnen, wie es die Liebe auf den ersten Blick nun einmal mit sich bringt, möchte uns unser Körper damit sagen, dass wir mit unserem Gegenüber Sex haben sollen, und zwar sofort und auf der Stelle. Aber das tun wir nicht. Wenn wir Heringe wären, würden wir es tun, aber wir sind Menschen, und Menschen überstürzen nichts, sondern lassen sich Zeit. Wir beginnen ein äußerst kom-

plexes Werberitual, das Wochen oder Monate dauert, manchmal sogar Jahre.

Hinweis

Die folgenden zwanzig Seiten geben nicht die Ansichten des Autors wieder.

Den nachstehenden Murphy-Gesetzen haftet eine gewisse Pauschalisierung an. »Männer bevorzugen...« oder »Frauen entscheiden sich immer für...« sind hoffnungslose Verallgemeinerungen. Solche Bemerkungen fallen in derbem sexistischem Tratsch, und wie alle sexistischen Bemerkungen sind sie generell vollkommen richtig, aber in Bezug auf die Person, die vor einem steht, vollkommen falsch. Auf den folgenden Seiten wimmelt es allerdings davon. Ich bitte dafür um Verzeihung.

Es ärgert Frauen, (nicht) gierig angestarrt zu werden.

(Mignon McLaughlin)

Eine Geschichte aus zwei Städten

Eine junge Spanierin geht in Edinburgh eine Straße entlang. Dabei kommt sie an mehreren Gruppen junger Männer vorbei – auf Baustellen, in Cafés, an Straßenecken. Keiner von ihnen starrt sie an, ruft ihr etwas zu oder pfeift ihr hinterher. Am Ende ihres Spaziergangs ist sie den Tränen nahe. Sie fragt sich, was nur mit ihr los ist. Ist sie tatsächlich so unattraktiv?

Eine junge Britin geht in Sevilla eine ähnliche Straße entlang. Am Ende ihres Spaziergangs ist sie stocksauer. Diese spanischen Männer, murrt sie, sind doch alle Affen.

Es ist besser, angesehen zu werden, als übersehen zu werden.

Wie stark ist unser Bedürfnis, beachtet zu werden?

Spanische Frauen lernen von Jugend an, dass sie Aufmerksamkeit erwarten dürfen, und sind sich darüber im Klaren, dass ein sexueller Unterton nicht unbedingt eine Bedrohung darstellt. (Allem Anschein zum Trotz ereignen sich in Großbritannien ungefähr vier Mal so viele Vergewaltigungen wie in Spanien.) Britische Frauen rechnen dagegen nicht damit, in der Öffentlichkeit solche Beachtung zu finden, und fühlen sich bedroht.

Was wäre, wenn Männer und Frauen die Rollen tauschen würden? Wenn Frauen die Hosen anhaben, sind es die Männer, die gemustert werden. Firmen, in denen ausschließlich Frauen arbeiten, sind für jeden Paketboten ein beunruhigendes Pflaster. Ohne ihre Kumpels und vom Feind umzingelt, sind sie weit weniger dreist als in der Kneipe. In der Gruppe sind Frauen zu ziemlich erniedrigendem (ja, sogar sexistischem) Verhalten gegenüber Männern imstande. In Großbritannien bieten Freitagabende die Gelegenheit, räuberische Banden von betrunkenen jungen Frauen zu beobachten, die durch die Innenstädte streifen und dabei einer Horde von Kerlen in jeder Hinsicht gleichen. Würde man diese Mädels in Overalls stecken und zur Arbeit auf eine spanische Baustelle schicken, würden sie ganz bestimmt den Männern auf der Straße hinterherpfeifen, und die Männer wären ein bisschen empört und würden sich ein bisschen geschmeichelt fühlen. Niemand, ob Mann oder Frau, ob Schotte, Araber oder Isländer, möchte gänzlich ignoriert werden.

Wenn man sie an den Eiern packt, folgen ihr Herz und ihr Verstand von alleine.

(Präsident Lyndon B. Johnson)

Von unten nach oben denken

Während der Indonesien-Malaysia-Konfrontation in den 1950er-Jahren sagte der ehemalige britische Premierminister Harold Macmillan, der beste Weg, um den Aufstand zu zerschlagen, sei, »das Herz und den Verstand der Menschen zu gewinnen«. Lyndon B. Johnson fügte später als Begründung für seine Ausweitung des Vietnamkriegs in den 1960er-Jahren den Teil mit den »Eiern« hinzu. Johnson spielte damit auf die Tatsache an, dass sich eine Kastrationsdrohung als ziemlich wirkungsvolle Möglichkeit erweisen kann, um eine Auseinandersetzung für sich zu entscheiden, wenn sachliche Argumente nichts mehr nützen.

Ich verwende dieses Zitat ein wenig anders als Präsident Johnson, um die umgekehrte Denkweise des menschlichen Gehirns zu verdeutlichen. Wir empfinden zuerst eine Emotion, dann finden wir heraus, was sie zu bedeuten hat. Mit anderen Worten, wir vertrauen unseren Gefühlen mehr als unserem rationalen Verstand. Für die Liebe bedeutet das Folgendes: Sobald wir jemanden begehren, trotten alle anderen Gedanken gehorsam hinterher: Respekt, Bewunderung und Vertrauen fungieren alle als Brautjungfern der Lust.

(Unsere Disposition, zuerst zu empfinden und erst dann

nachzudenken, kann uns in anderen Situationen in ziemliche Schwierigkeiten bringen. Ein Beispiel dafür ist Aggressivität im Straßenverkehr. Es gibt die Empfehlung, bis zehn zu zählen, wenn man wütend ist, um vernünftigen, beruhigenden Gedanken genügend Zeit zu geben. Dementsprechend sollten wir uns eigentlich auch angewöhnen, bis zehntausend zu zählen, wenn wir uns verlieben.)

Liebe öffnet Türen und Fenster, die es zuvor gar nicht gab.
(Mignon McLaughlin)

Pheromone

Über Pheromone ist abgesehen von der Schreibweise des Begriffs nicht viel bekannt. Darüber hinaus herrscht Unwissenheit. Bekannt ist jedoch, dass Tiere in der Wildnis Signalgerüche absondern, um Artgenossen anzulocken, sie zu warnen oder sie auf Nahrung aufmerksam zu machen. Doch Wissenschaftler sträuben sich gegen die Vermutung, dass unsere menschlichen Ausdünstungen noch eine andere Funktion haben könnten, als zu riechen.

Es deutet jedoch einiges darauf hin, dass auch Menschen durch Pheromone kommunizieren. Untersuchungen bei Zimmernachbarinnen in Universitäts-Wohnheimen haben ergeben, dass diese in der Regel gleichzeitig menstruieren. Interessanterweise kann diese Synchronisierung allein dadurch erreicht werden, indem man Achselschweiß einer menstruierenden »Spender«-Frau auf die Oberlippe einer »Empfänger«-Frau aufbringt. Das legt die Schlussfolgerung nahe, dass menschlicher Schweiß Pheromone enthält, die über die Achselhaare abgesondert werden. Mit Hilfe von Positronen-Emissions-Tomographie erstellte Gehirn-Scans haben gezeigt, dass die olfaktorische Wahrnehmung einer Östrogen-ähnlichen Verbindung bei Männern einen erhöhten Blutfluss in einem Teil des Hypothalamus verursacht, nicht aber bei Frauen. Umgekehrt ist bei Frauen, nicht aber bei Männern, ein erhöhter Blutfluss im selben Teil des Hypothalamus zu erkennen, wenn sie ein Testosteron-ähnliches Androgen riechen.

Falls Sie schon einmal ein elektrisches Knistern in Gegenwart einer Person, die in Sie verliebt ist, gespürt haben, waren Pheromone dafür verantwortlich. Sehen wir der Realität doch einmal ins Auge: Achselbehaarung ist ein Organ und keine Schande. Aufgrund ihrer großen Oberfläche können Haare Gerüche wesentlich effizienter verbreiten als Haut. Sich das Achselhaar zu rasieren, ist also ungefähr dasselbe, als würde man sich einen Knebel in den Mund stecken.

Es ist absurd, die Menschheit in gut und böse zu unterteilen. Menschen sind entweder charmant oder langweilig.

(Oscar Wilde)

Die Bedeutung von Geruch

Was ist unserer Meinung nach charmant, und was ist langweilig? Wünschen wir uns einen Partner, der genauso ist wie wir selbst, oder wünschen wir uns jemanden, der anders ist? Manche behaupten, unser Partner sollte so sein wie wir, dann würde er unsere Ansichten und unsere Hobbys teilen, würde über dieselben Witze lachen können und generell ein perfekter Begleiter sein. Andere sind der Meinung, unser Partner sollte das genaue Gegenteil von uns sein, damit er unsere Lücken füllt und mit uns eine perfekte Kombination bildet. Des Rätsels Lösung ist ziemlich überraschend: Welchen Geschmack man in Sachen Mode und Musik hat, spielt keine Rolle, da es letzten Endes vermutlich nur darauf ankommt, wie man riecht.

Unser Geruchssinn ist der wichtigste unserer Sinne. Er ist so wichtig, dass der vordere Teil des limbischen Systems (der Riechkolben) bis unmittelbar hinter die Nase reicht, damit Gerüche so schnell wie möglich überprüft werden können.

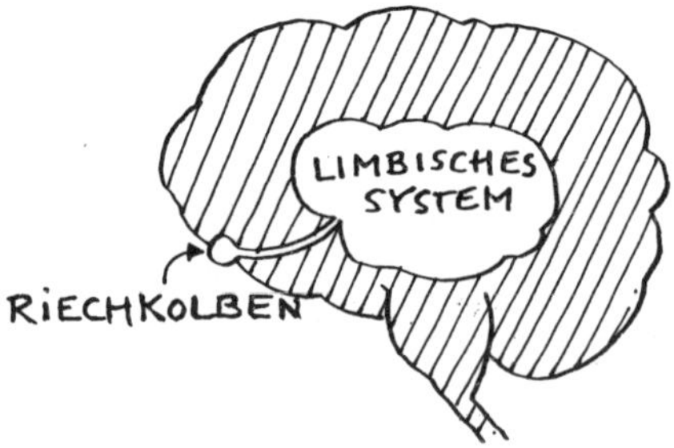

Interessant daran ist im Zusammenhang mit unserer Suche nach dem passenden Partner, dass es erklärt, warum sich Menschen ineinander verlieben, die scheinbar überhaupt nicht zusammenpassen, und warum naheliegende Paarungen zum Scheitern verurteilt sind. Die Gerüche, um die es hier geht, haben nichts mit Parfüms oder Deos zu tun – Pheromone riechen so fein, dass man sie nur unbewusst wahrnimmt. Es handelt sich um den Geruch unseres Immunsystems. Lesen Sie weiter…

Man wird nie von dem Menschen begehrt, den man selbst begehrt.

Der Haupt-Histokompatibilitätskomplex

Sie mochte Sie, daran besteht kein Zweifel. Wochenlang haben Sie beide die miteinander verbrachte Zeit genossen. Sie hat gesagt, Sie seien der netteste Mann, der ihr je begegnet ist… Also was ist nur schiefgegangen?

Vielleicht lag es an Ihrem Geruch. Nicht an Ihrem Körpergeruch, sondern am kaum wahrnehmbaren Geruch Ihres Immunsystems. Die Fähigkeit, unbewusst den Geruch des Immunsystems anderer Menschen wahrzunehmen, ist der primitivste Sinn, über den wir verfügen. Tiere haben sich bereits auf diese Weise gegenseitig erkannt, als sie noch nicht viel mehr als präkambrische Kleckse waren. Diese Fähigkeit ist ein lebenswichtiger Verteidigungsmechanismus gegen Attacken von Parasiten.

Unser Immunsystem ist für das Abtöten von Eindringlingen zuständig. Doch woher wissen die Verteidigungsmechanismen unseres Körpers, ob die Zelle, auf die sie gestoßen sind, zum

Körper gehört oder ein Eindringling ist? Körpereigene Zellen besitzen auf ihrer Oberfläche der Identifizierung dienende Moleküle – eine Art molekularen Strichcode. Diese Moleküle werden von einem Teil unserer Chromosomen gebildet, der als Haupt-Histokompatibilitätskomplex (HLA) bezeichnet wird. Fremde Zellen ohne den entsprechenden molekularen Code werden angegriffen. Wenn Viren es schaffen, den Code zu knacken und sich als legitime Bestandteile des Körpers auszugeben, werden sie von unserem Immunsystem ignoriert und können nach Belieben herumtoben und uns infizieren. Deshalb sind sie ständig damit beschäftigt zu mutieren. Sobald ein mutierter Code dem des Körpers entspricht, kann sein Träger ungehindert das Abwehrsystem des Körpers passieren. Das Ganze ist ein unaufhörliches Wettrennen, das der Schriftsteller und Journalist Matt Ridley, Experte für Genetik und menschliches Verhalten, mit der Roten Königin aus Lewis Carrolls *Alice hinter den Spiegeln* vergleicht – die wie verrückt läuft, um an Ort und Stelle zu bleiben.

Wenn Tiere – ob präkambrische Kleckse oder giftgrüne Echsen – ähnliche HLAs haben, sind ihre Möglichkeiten zum Mischen von Genen begrenzt, und die Wahrscheinlichkeit, dass ihr Nachwuchs infiziert wird, steigt stark an. Seit den Tagen des Plattwurms offenbart sich unser spezieller HLA in unserem Körpergeruch, und wenn sich der Geruch der Frau nicht von dem des Mannes unterscheidet, stehen die Chancen aus irgendeinem schwer definierbaren Grund sehr schlecht, dass ihre Liebe gedeihen wird.

Das wurde von dem Schweizer Wissenschaftler Claus Wedekind und seinen Kollegen von der Universität Bern bestätigt. Sie baten zunächst eine Gruppe von Männern, ihre T-Shirts so lange zu tragen, bis sie leicht muffelten, dann forderten sie einige Studentinnen auf, an ihnen zu riechen und sich zu entscheiden, welchen der Gerüche sie bevorzugten. Wie sich herausstellte, favorisierten alle den Geruch von Männern, deren HLA-Gene sich von ihren eigenen unterschieden.

> **Wir sorgen uns alle um die Bevölkerungsexplosion, aber wir sorgen uns nie im richtigen Moment darum.**
>
> *(Arthur Hoppe)*

Testosteron

Was gäbe es Besseres, um einen herrlichen Abend in Gesellschaft Ihrer oder Ihres Angebeteten abzurunden, bei dem Sie sich eingehend mit Fragen der Bevölkerungskontrolle befasst haben, als selbst Nachwuchs zu produzieren? Sobald die Leidenschaft geweckt ist, gibt es kein Halten mehr. Das Verlangen nach Sex setzt sich über jegliche Vernunft hinweg. Der übliche Verdächtige für diesen sexuellen Imperativ ist Testosteron, das auch als »Hormon der Lust« bezeichnet wird, da es für das aggressive Verhalten und den unstillbaren sexuellen Appetit von Männern verantwortlich ist und sämtliche Wenn und Aber in Bezug auf Sex aus dem Weg räumt. Es wird mit Männlichkeit assoziiert und fungiert als Stimulus für die Entwicklung der Hoden, des Penis und der Körperbehaarung sowie für das Wachstum des Körpers und der Muskulatur.

Überraschenderweise verfügen auch Frauen über Testosteron. Während es bei Männern in den Hoden produziert wird, sind bei Frauen die Eierstöcke dafür zuständig. Es ist dem Sexualleben von Frauen ebenso zuträglich wie dem von Männern. Manche Frauen, deren Eierstöcke entfernt wurden (zum Beispiel im Rahmen einer Hysterektomie), klagen über einen Rückgang ihrer Libido und eine Verschlechterung der Lebensqualität. Wie sich gezeigt hat, lässt sich das allgemeine Wohlbefinden mit Testosteron-Pflastern verbessern. Die Psychiaterin Donatella Marazziti von der Universität Pisa hat herausgefunden, dass der Testosteronspiegel bei Frauen ansteigt, wenn sie verliebt sind, während er bei Männern sinkt. Es gibt sie also, die Harmonisierung von Hormonen.

Lebe schnell, stirb jung – lebe langsam, stirb trotzdem.

Phenylethylamin

Der Nervenkitzel beim Bungeejumping, Fallschirmspringen, Achterbahnfahren oder Skilaufen kann süchtig machen. Viele Menschen bekommen einfach nicht genug davon. In Verbindung mit dem Nervenkitzel bei Extremsportarten schüttet das Gehirn ein Hormon namens Phenylethylamin (PEA) aus, das eine ähnliche Wirkung hat wie Amphetamin. Während der ersten berauschenden Tage leidenschaftlicher Verliebtheit wird das Gehirn von PEA regelrecht überflutet. Es bearbeitet die Synapsen und beschleunigt die Übertragung von Nervenimpulsen, was dazu führt, dass alle Eindrücke verstärkt werden: Farben erscheinen leuchtender, Geräusche klingen voller – die Welt wird dank der »Liebesdroge« PEA zu einem wundervollen Ort.

Der Rausch, den man beim Fallschirmspringen erlebt, ähnelt also dem Hochgefühl, das man empfindet, wenn man sich verliebt.

Gefährliche Sportarten können deshalb als Ersatz für Liebe dienen. Wie der dänische Wissenschaftler und Dichter Piet Hein es formuliert hat:

Der menschliche Verstand verklärt
Die Impulse, die er uns verwehrt.
Ein gesundes Sexleben treibt fort
Die Lust auf anderen Sport.

Die Entdeckung des chemischen Bindeglieds zwischen Gefahr und Liebe gibt einem zu denken. Möchten wir deshalb mit unserer Angebeteten auf dem Jahrmarkt Achterbahn fahren, damit ihr PEA-Spiegel steigt, sie uns ansieht und sich in uns verliebt? Wäre Romeo seiner Julia so schnell verfallen, wenn seine Liebe nicht mit großer Gefahr verbunden gewesen wäre? Handelt es sich bei der unter enttäuschten Liebenden weit verbreiteten Praxis, sich in den Abgrund zu stürzen, um den Versuch, den Kitzel der Liebe ein allerletztes Mal wieder aufleben zu lassen?

Vergiss die Liebe – Schokolade macht wenigstens nicht blind!

Schokoholismus

Schokolade ist so beliebt, weil sie PEA enthält! Das PEA in Schokolade ist der Grund dafür, weshalb wir sie unseren Liebsten schenken, weshalb wir große Mengen davon verschlingen, wenn wir von unseren Liebsten sitzen gelassen wurden, und weshalb Wirtschaftskrisen für Schokoladenhersteller kein Grund zur Sorge sind, da ihre Verkaufszahlen immer steigen, wenn die ganze Nation deprimiert ist.

Nichts raubt Erdnussbutter so sehr den Geschmack wie unerwiderte Liebe.

(Charlie Brown)

Warum Essen den Geschmack verliert

Welche Wucht ein Schlag ins Gesicht doch haben kann. All die leuchtenden Farben sind verschwunden, bis auf das glänzende Veilchen auf unserer Wange. Den himmlischen Chor hat ein Pfeifen im Ohr abgelöst. Testosteron, Östrogen, Phenylethylamin, Dopamin, Adrenalin – bei allen ist der Hahn jetzt fest zugedreht. Als sie noch im Überfluss vorhanden waren, haben sie für Euphorie gesorgt, für die Verstärkung der Empfindungen, die mit Leidenschaft einhergeht.

Farben erschienen farbiger, Musik klang musikalischer, Geschmäcke waren schmackhafter. Jetzt sind sie aus unserem Leben verschwunden, und wenngleich die Erdnussbutter sich aus chemischer Sicht überhaupt nicht verändert hat, ist sie jetzt nicht mehr als eine braune Paste, die an der Zunge klebt. Anstatt zu leben, um zu essen, wird jetzt nur noch gegessen, um zu überleben. Bis zum nächsten Mal.

Wahre Liebe heißt, jemanden in den Himmel zu heben und zur Stelle zu sein, um ihn aufzufangen, wenn er fällt.

Serotonin

Ein Zeichen für Verliebtheit ist, wenn man an seinem Partner keinen Fehler finden kann. Liebe macht tatsächlich blind. Vermutlich fallen Ihnen etliche Paare in Ihrem Bekanntenkreis ein, die eigentlich ziemlich schlecht zusammenpassen. »Ehrlich gesagt verstehe ich nicht, was sie an ihm findet«, ist eine recht geläufige Bemerkung, die Sie im vergangenen Jahr ganz sicher jemanden in Ihrer Umgebung haben sagen hören. Aber *Ihr* Partner ist anders als die anderen. Er ist perfekt. Ich sollte Sie darauf hinweisen, dass Ihre Sichtweise von einer Droge vernebelt ist, und bei dieser Droge handelt es sich um Serotonin.

Serotonin ist ein Hormon, dessen Funktion in den 1940er-Jahren entdeckt wurde, als man feststellte, dass Menschen, die unter Depressionen oder Zwangsneurosen leiden, einen niedrigen Serotoninspiegel haben. Zwangsneurotiker wiederholen bestimmte Handlungen immer und immer wieder – sie überprüfen, ob Türen abgeschlossen sind, oder waschen sich ständig die Hände und sind nicht in der Lage, sich auf das normale Leben zu konzentrieren. Zu den Nebenwirkungen gehört, dass sie unter Depressionen leiden, manchmal sogar selbstmordgefährdet sind und nur ein eingeschränktes Urteilsvermögen besitzen.

Den an der fraglichen Untersuchung beteiligten Ärzten fiel auf, dass die Symptome von Zwangsneurotikern denen hoffnungslos verliebter Menschen äußerst ähnlich sind. Spielt Serotonin möglicherweise eine Rolle bei der Leidenschaft? Ja, in der Tat. Wie es scheint, sorgt der verringerte Serotoninspiegel bei Verliebten genau wie bei Zwangsneurotikern für Fantasievorstellungen und Obsessionen sowie für Stimmungsschwankungen zwischen Depression und Euphorie. Die Einnahme eines Medikaments, das den Serotoninspiegel erhöht, verschafft Linderung. Es hilft dem Urteilsvermögen, dem kritischen Denken und vernünftigen Entscheidungen auf die Sprünge und wirkt dem Fantasieren entgegen. Somit ist es wenig überraschend, dass es Erektionen verhindert. Ja, Serotonin ist die alte Jungfer unseres Gehirns, die prüde alte Tante, die es sich auf unserem zerebralen Sofa bequem gemacht hat. Liebe wird im Keim erstickt. Deshalb ist es unmöglich, gleichzeitig verliebt und zurechnungsfähig zu sein. Entweder muss man verrückt sein, oder man kann vernünftig sein.

Man liebt eine Frau nicht, weil sie schön ist, sondern sie ist schön, weil man sie liebt.

(Oscar Hammerstein)

Serotonin in Aktion

Sehr geehrter Redakteur,

mein bester Freund ist einer Gehirnwäsche unterzogen worden. Er hat sich in eine Frau verliebt, die ehrlich gesagt nicht gerade attraktiv ist. Und sie hat eine unförmige Nase. Wie kann er nur so blind sein? Jeder normale Mensch würde sich schämen, mit einer so großen Nase im selben Raum zu sein. Sie manipuliert ihn anscheinend mit bewusstseinsverändernden Drogen. Die beiden machen den ganzen Tag nichts anderes, als zu kichern, sich Gedichte zu schreiben und (IGITT!) sich anzufassen. Was kann ich tun, um meinen Freund zu retten?

Sehr geehrter Leser,

bei der bewusstseinsverändernden Droge, von der Sie sprechen, handelt es sich um Serotonin. Da Ihr Freund über einen verringerten Serotoninspiegel verfügt, betrachtet er die Nase seiner Liebsten nicht allzu kritisch. Und das ist auch gut so. Können Sie sich vorstellen, wie wundervoll das für die Liebste sein muss? Nachdem sie so lange unter Männern wie Ihnen gelebt hat, die sie nur wegen der Größe ihrer Nase schlecht behandelten, hat sie endlich jemanden gefunden, der ihre Intelligenz, ihr Einfühlungsvermögen und ihren Humor zu schätzen weiß. Wenn die beiden Kinder bekommen, werden diese behütet in einem humorvollen Haushalt aufwachsen. Genau dafür wurde diese Liebesdroge entwickelt: um zwei Menschen so fest aneinanderzubinden, dass ihre Kinder die größtmögliche Chance haben, ihr volles Potenzial auszuschöpfen. Er hat keine Wahnvorstellungen, wenn er ihre Schönheit sieht – Sie halluzinieren, wenn Sie es nicht tun.

Er fühlte sich ihr jetzt nicht nur nahe, sondern wusste nicht mehr, wo er endete und wo sie begann.

(Leo Tolstoi)

Spiegelneuronen

Es gibt eine Übung namens »Der Spiegel«, die Schauspieler beim Proben durchführen. Ein Schauspieler wird zum Spiegel eines anderen und tut genau dasselbe wie dieser. Wenn es gut läuft, kann man nicht erkennen, wer von beiden der Spiegel ist – beide scheinen perfekt vorhersagen zu können, wie sich der andere bewegen wird. In der Liebe ist das immer so: Zwei Menschen werden eins, und ihre Gedanken und Gefühle treiben in vollkommener Harmonie nebeneinander her. Ihre Spiegelneuronen reflektieren sich vollkommen.

Der persönliche Freiraum wird normalerweise heftig verteidigt. Außerhalb der Grenze lässt man alle möglichen Manöver zu, doch sobald ein Eindringling sie überschreitet, wird er entweder durch Aggression, durch das Signalisieren von Angst oder durch taktvollen Rückzug abgewehrt. Der oder die Auserwählte hat jedoch freien Zutritt zu allen Bereichen, da man die Grenzen zwischen sich entfernt und dem Partner und dem Klischee gemäß zu einer Einheit verschmilzt.

Wir sind alle ein wenig seltsam, und das Leben ist ein wenig eigenartig, und wenn wir jemanden finden, dessen Seltsamkeit zu der unseren passt, tun wir uns mit ihm zusammen und verfallen in eine gemeinsame Seltsamkeit, die wir Liebe nennen.

Oxytocin und Vasopressin

Zwischen zwei leidenschaftlich Liebenden gibt es keine Unstimmigkeiten und keine bösen Überraschungen, sondern nur Verständnis und Freude, hervorgerufen von Oxytocin und Vasopressin, zwei recht ähnlichen Hormonen. Ihre genaue Funktion ist unbekannt, MRT-Gehirnscans zufolge rufen sie jedoch Zuneigung für Partner, Kinder oder Angehörige hervor.

Oxytocin wird beim Orgasmus, bei Wehen und beim Stillen ausgeschüttet. Offenbar handelt es sich also um ein überaus familienorientiertes Hormon.

Vasopressin konnte partnerschaftlicher Hingabe zugeordnet werden, und zwar anhand von Studien zweier eng verwandter Wühlmausarten: der Präriewühlmaus, die ihrem Partner treu ergeben ist, und der Feldmaus, die es nicht ist. Wissenschaftlern des Yerkes National Primate Research Center der Emory-Universität und des Atlanta's Center for Behavioral Neuroscience gelang es, die Anzahl der Vasopressin-Rezeptoren im ventralen Pallidum, einer der wichtigsten Belohnungsregionen der Feldmaus, zu erhöhen, und das Ergebnis war beeindruckend: Die kleinen Biester wurden wie durch ein Wunder monogam. Da unser bescheidenes Wissen über Vasopressin ausschließlich auf diese Studie zurückgeht, ist es noch zu früh, um daraus irgendwelche Schlussfolgerungen für Menschen zu ziehen. Man kann sich allerdings vorstellen, welches Verkaufspotenzial ein Vasopressinspray hätte, mit dem Ehefrauen ihre Männer einsprühen könnten, bevor sie morgens aus dem Haus gehen.

Liebe lässt die Zeit vergehen; die Zeit lässt Liebe vergehen.

Zeitwahrnehmung

Wenn man Spaß hat, vergeht die Zeit wie im Flug, wie ein altes Sprichwort besagt. Eigentlich ist damit jedoch Folgendes gemeint: Wir besitzen keinen wirklichen Zeitbegriff. Den mussten wir auch nicht entwickeln, da wir uns in der Vergangenheit nach der Sonne richteten. (Dazu verfügen wir über eine innere Uhr, die ungefähr 24 Stunden misst.) Die genaue Messung von Stunden ist eine neuere Idee. Ohne Uhr bleibt einem nichts anderes übrig, als zu schätzen. In Gesellschaft eines geliebten Menschen, der unsere Gedanken mit Musik füllt, kann der Tag gar nicht lange genug dauern. Julia konnte kaum glauben, dass ihre Nacht mit Romeo so kurz war:

Willst du schon gehn? Der Tag ist ja noch fern.
Es war die Nachtigall und nicht die Lerche,
Die eben jetzt dein banges Ohr durchdrang;
Sie singt des Nachts auf dem Granatbaum dort.

Wie Einstein, der Meister der flexiblen Zeit, es formuliert hat: »Wenn man zwei Stunden lang mit einem Mädchen zusammensitzt, meint man, es wäre eine Minute. Sitzt man jedoch eine Minute auf einem heißen Ofen, meint man, es wären zwei Stunden. Das ist Relativität.«

Abwesenheit schickt das Herz auf Wanderschaft.

Wie man Liebe erstickt

Wenn Kinder in Julias Zeiten unerwünschte zärtliche Bande knüpften, schickten ihre Eltern sie auf eine lange Reise quer durch Europa, in der Hoffnung, dass ihre Leidenschaft erloschen sein würde, wenn sie wieder nach Hause kamen. In den meisten Fällen funktionierte dieser Trick. Die Magie der ersten romantischen Wochen, die von einer Flut von chemischen und taktilen Signalen begleitet werden, ruft eine wundervoll lebendige Erinnerung wach. Doch ohne unmittelbaren Kontakt mit dem geliebten Menschen versiegen die Hormone, die emotionalen Farben der Liebe verblassen, und es bleibt nur die wundervolle Erinnerung, dann eine ziemlich angenehme Erinnerung und schließlich eine ferne Erinnerung, die niemals so stark sein kann wie die reale Erfahrung.

Räumlich voneinander getrennt beurteilen sich Liebende heutzutage viel kühler. Sobald sich jemand hinsetzt und eine Liste der Vor- und Nachteile seines Herzblatts erstellt, ist das bekanntlich bereits der Anfang vom Ende der Beziehung. Die Liebe funktioniert einfach nicht, wenn die Hormone wieder im Schrank verstaut sind.

6. Zur Sache

Warum sexuelle Fortpflanzung?

Wäre es nicht besser, wenn wir uns wie Hülsenfrüchte fortpflanzen würden? Dann bräuchten wir uns wenigstens nicht um Sex zu kümmern. Wir würden kurz unsere momentane Beschäftigung unterbrechen, uns in der Mitte teilen, unsere andere Hälfte zur Tür begleiten, sie verabschieden und uns wieder unserer Zeitung widmen. Außerdem ginge es viel schneller. Wir müssten nicht zu zweit zusammenarbeiten, um mittels sexueller Fortpflanzung ein Baby zu produzieren, sondern könnten es in getrennten Räumen tun und die Geburtenrate verdoppeln. Asexuelle Fortpflanzung hätte den zusätzlichen Vorteil, dass die neue Generation sich ebenfalls teilen würde und aus zwei vier werden würden, aus vier acht, aus acht sechzehn ... Wir könnten die Welt erobern, alles aufessen und die sexuellen Fortpflanzer zum Aussterben bringen.

Das Problem ist allerdings, dass asexuelle Fortpflanzung eine unveränderlich einförmige Population hervorbringt. Wir leben auf einem Planeten, auf dem uns Bakterien, Pilze, Viren und Parasiten an den Kragen wollen und wie verrückt mutieren, um unser Abwehrsystem zu durchbrechen (siehe S. 95 f.). Wenn man sich nicht ständig duckt und ausweicht – genetisch gesprochen –, segnet man früher oder später das Zeitliche. Und nicht nur man selbst stirbt, sondern die gesamte Verwandtschaft, sodass man seiner Spezies Lebewohl sagen kann. Vielleicht sollte man also doch sexuelle Fortpflanzung in Betracht ziehen.

Sex ist erblich: Wenn Ihre Eltern keinen hatten, werden Sie vermutlich auch keinen haben.

Sexuelle und asexuelle Fortpflanzung im Vergleich

Die Vorteile sexueller Fortpflanzung lassen sich am Beispiel von Tierarten erkennen, die in der Lage sind, zwischen sexueller und asexueller Fortpflanzung zu wählen. Wissenschaftler haben untersucht, unter welchen Bedingungen diese Tiere von einer Variante zur anderen wechseln. Eine solche Spezies ist die Wurmart *Nais pardalis*, die in den Seen in der Nähe des Atomkraftwerks von Tschernobyl in der Ukraine anzutreffen ist. Am 13. April 2003 berichtete der *New Scientist*, dass die Würmer nach dem Reaktorunfall im Jahr 1986 ihr Sexualverhalten geändert hätten: Früher hatten sie sich asexuell fortgepflanzt, doch seit der Katastrophe bedienen sie sich häufig der sexuellen Variante. Je näher sie sich am Kraftwerk befinden, desto häufiger pflanzen sie sich sexuell fort. Aller Wahrscheinlichkeit nach ist das verseuchte Wasser in der Nähe des Kernreaktors so giftig, dass die Wurmpopulation unentwegt ihre genetische Veranlagung verändern muss, um eine Variante zu finden, die unter den neuen Bedingungen überleben kann. Sobald ein aussichtsreicher Sprössling entstanden ist, wechselte dieser wieder zu asexueller Fortpflanzung zurück, um die Bevölkerungszahlen in die Höhe zu treiben.

Im Gegensatz zu diesen Würmern haben wir Menschen nicht die Möglichkeit, zwischen verschiedenen Fortpflanzungsmethoden zu wechseln, und wenn man die Bedeutung von Variation über Generationen hinweg betrachtet, haben wir uns für die richtige Möglichkeit entschieden: Die lautet sexuelle Fortpflanzung, also müssen wir auch Sex haben.

> **Einem Teenager die Fakten des Lebens zu erklären, ist dasselbe, als würde man einen Fisch baden.**
>
> *(Arnold H. Glasow)*

Sex-Mythen

Anscheinend handelt es sich um ein elterliches Übergangsritual. Irgendwann müssen sich alle Väter mit ihren Söhnen zusammensetzen und ungefähr zehn Minuten lang verlegen herumstottern, bis die beruhigenden Worte fallen: »Schon gut, Dad, das weiß ich bereits.«

Aber wissen Kinder tatsächlich so viel über Sex, wie sie behaupten? Es sind viele Mythen im Umlauf – einige absurde und einige äußerst gefährliche:

- Durch Hüpfen nach dem Geschlechtsverkehr kann eine Frau verhindern, schwanger zu werden.
- Vom ersten Sex kann man nicht schwanger werden.
- Sex mit einer Jungfrau ist ein Heilmittel gegen Aids.
- Das Tragen einer Uhr mit fluoreszierendem Zifferblatt beim Sex (am Penis) tötet die Spermien ab.
- Masturbation verursacht Blindheit, Syphilis, Tränensäcke und/oder behaarte Handrücken. Außerdem ist es ein Zeichen für Homosexualität.
- Nur homosexuelle Männer infizieren sich mit HIV.
- Sex mit über vierzig ist unmöglich.

- Toilettenbrillen können Geschlechtskrankheiten übertragen.
- Gewichtsabnahme lässt den Penis wachsen.
- Die Einnahme von Aphrodisiaka – Austern, Horny Goat Weed, Ginseng, Rhinozeroshorn, Ginko, Kava Kava, Palmenbeeren, Bananen, Trüffel und Spargel – steigert den Genuss beim Sex, sorgt jedoch vermutlich dafür, dass das Bett zusammenbricht.

Keine einzige der obigen Behauptungen ist wahr, bis auf die, dass das Bett womöglich zusammenbricht, doch alle haben ihre Verfechter. So manches Rhinozeros könnte die These widerlegen, dass es sich bei seinem Horn um ein Aphrodisiakum handelt, wenn es nicht schon tot wäre. Tragischerweise ist die Idee, dass Sex mit einer Jungfrau Aids heilen soll, im Süden Afrikas sehr populär und trägt dort zur dramatischen Verbreitung von HIV bei. Unwissenheit ist gefährlich, und ordentliche Sexualerziehung ist unabdingbar, da aber viele Regierungen und Religionsgemeinschaften dieser Welt der Meinung sind, die ganze Nation werde der Promiskuität frönen, wenn Sex thematisiert wird, herrscht Schweigen (siehe S. 123 f.).

Der beste Zeitpunkt, um einen Vortrag über Sex zu halten, ist der, wenn Kinder danach fragen, was sie in der Regel im Alter von zwei Jahren tun. Nach Möglichkeit präsentiert man ihnen gleich alle Fakten auf einmal, um ihnen einen späteren Schock zu ersparen. Es gibt zahlreiche Bücher, die nicht nur unterhaltsam und lehrreich für die Knirpse sind, sondern auch nicht allzu peinlich für den Vater oder die Mutter.

Ein Leben ohne Sex wäre womöglich ungefährlicher, aber auch unerträglich langweilig. Der Sexualtrieb lässt Frauen schön erscheinen, was sie nur ganz selten sind, und Männer klug und tapfer, was sie nie sind. Wenn man ihn unterdrücken, verjagen oder vernichten würde, wäre die mensch-

liche Existenz ebenso prosaisch, mühselig, belanglos und stumpfsinnig wie das Leben in einem Ameisenhaufen.

(H. L. Mencken)

Hauptsache Sex

Wie es scheint, hat sexuelle Fortpflanzung einen praktischen Nutzen. Das würde auch erklären, weshalb sie so viel Spaß macht. Darüber hinaus würde es aber auch noch einiges andere erklären. Die Werberituale, die wir betrachtet haben, machen nur einen winzig kleinen Teil des Gesamtbilds aus. Werfen Sie einen Blick auf eine durchschnittliche Einkaufsstraße: auf die Geschäfte voller Schmuck, Bekleidung, Musik-CDs, Kochutensilien, Getränke, Autos und Kunstgegenstände, auf die Veranstalter, die Ballett, Theater, Oper, Partys und Festivals anbieten – sie alle florieren, weil wir das Bedürfnis haben, Partner anzulocken und uns mit ihnen zu paaren.

Nach jahrelangem eifrigem Einsatz aller dieser Verlockungen liegt man schließlich neben seiner oder seinem Liebsten im Bett und tut das, was wie von selbst funktioniert – und glauben Sie mir, auch ohne irgendein Wissen über Sex finden Menschen schließlich heraus, wie es geht. Sehr bald kehren wir wieder in die Realität zurück, die – ohne Henry Mencken zu nahe treten zu wollen – prosaisch, mühselig, belanglos und stumpfsinnig ist, aber auch erträglicher aufgrund des Wissens tief in unserem Inneren, dass wir das getan haben, worauf unsere Gene uns programmiert haben, als wir vierzehn waren.

Die Liebe ist eine explosive Zigarre, die wir bereitwillig rauchen.

(Lynda Barry)

Der männliche Orgasmus

Die Liebe ist eine Zigarre, die auf drei verschiedene Arten explodiert. Zuerst explodieren unsere Drüsen wie ein Feuerwerk, wenn wir uns verlieben, und schütten in unserem Blutkreislauf eine berauschende Mischung von Hormonen aus. Die Hirnanhangsdrüse, die Hypothalamusdrüse und die Adrenalindrüse, die Hoden und die Eierstöcke tragen alle ihren Teil dazu bei, dass Serotonin, Oxytocin, Testosteron, Vasopressin, Phenylethylamin und Opiode wie Acetylcholin und Dopamin ausgeschüttet werden.

Der Geschlechtsakt findet seinen Höhepunkt in der zweiten Explosion. Bei Männern werden durch Kontraktionen der Leistenmuskulatur Flüssigkeiten aus den Samenleitern, der Prostata, der Samenleiterampulle und den Samenblasen in die Harnröhre gepumpt. Wenn die Harnröhre sich füllt, werden über die Pudendalnerven Signale vom Rückenmark übertragen. Steigender

Druck in der Harnröhre sorgt dafür, dass das Sperma nach außen gepresst wird, was zum Orgasmus führt.

Zur dritten Explosion kommt es, wenn Ihre Frau herausfindet, dass Sie eine Affäre haben.

Coito, ergo sum.

Der weibliche Orgasmus

Der männliche Orgasmus ist Voraussetzung für die Injektion von Sperma in die Vagina. Aber was ist mit dem weiblichen Orgasmus? Man ging lange davon aus, dass die Muskelkontraktionen beim Orgasmus der Frau das Vorankommen der Spermien durch die Vagina zur Gebärmutter beschleunigen, doch in letzter Zeit sind diesbezüglich einige Zweifel aufgekommen. Elisabeth Lloyd, Biologieprofessorin an der Indiana University, weist in ihrem Buch *The Case of the Female Orgasm: Bias in the Science Evolution* darauf hin, dass keine Verbindung zwischen der Fähigkeit einer Frau, zum Orgasmus zu kommen, und ihrer Fähigkeit, Kinder zu kriegen, besteht. Tatsächlich haben viele Frauen Schwierigkeiten, beim Geschlechtsverkehr ohne direkte klitorale Stimulation zum Orgasmus zu gelangen. Trotzdem können Frauen ebenso wie Männer durch Masturbation in ungefähr vier Minuten zum Höhepunkt kommen.

Lloyd stellt die These auf, dass es sich beim weiblichen Orgasmus womöglich um ein Überbleibsel aus einem früheren Stadium der menschlichen Evolution handelt. Wie die Brustwarzen bei Männern könnte der Orgasmus der Frau ein Relikt sein, das in der Vergangenheit eine Funktion hatte, jetzt jedoch nur noch Zierwerk ist.

Wenn es ihn nicht gäbe, würde man ihn allerdings ebenso

vermissen, wie man fehlende Brustwarzen beim Mann vermissen würde.

> **Sex: Das Vergnügen ist flüchtig, die Stellung ist lächerlich, und die Folgen sind verheerend.**
>
> *(Lord Chesterfield)*

Bestialische Biester

Lord Chesterfield hätte dankbar sein sollen, dass er ein Mensch war. Sex zwischen Tieren existiert in vielen unterschiedlichen Formen, von denen etliche gefährlich, schmerzhaft oder sogar tödlich sind.

Dabei fällt einem sofort der Ameisenigel ein. Wie vollzieht diese Spezies den Geschlechtsakt? Vorsichtig! Das Weibchen legt sich auf den Bauch und vergräbt die Vorderbeine und den Kopf teilweise im Boden. Das Männchen gräbt einen Graben um das Weibchen, wobei es seine Auserwählte mit einem Vorderbein streichelt und versucht, ihren Schwanz mit einem Hinterbein anzuheben, ohne dabei ihre Stacheln aus dem Auge zu lassen. Nach vier Stunden dieser Art von »Vorspiel« legt sich das Männchen auf die Seite und schiebt seinen Schwanz unter den ihren. Diese Position ermöglicht es ihm, seinen vierköpfigen Penis in ihre Kloake einzuführen.

Die Bettwanze, *Cimex lectularius*, ist wahrscheinlich die brutalste aller Liebenden. Ohne irgendeine Form von Werben bespringt das Männchen das Weibchen und stößt diesem seine Genitalien seitlich in den Hinterleib. Diese so genannte »traumatische Besamung« haben Bettwanzenmännchen entwickelt, um den Weibchen die Kontrolle über die Reproduktion zu entziehen. Indem sie das Weibchen in den Hinterleib stechen, umgehen sie die weiblichen Samenspeicherorgane und Sekrete, von der weiblichen Entscheidung, ob die Spermien des Männchens verwendet werden oder nicht, ganz zu schweigen.

Männliche Radnetzspinnen führen ihre beiden mit Spermien angefüllten Pedipalpen in die beiden Vaginalöffnungen des Weibchens ein, pumpen sie auf, damit sie nicht entfernt werden können, und sterben anschließend. Um sich wieder seinen Aufgaben widmen zu können, muss das Weibchen das Männchen häufig einfach verspeisen.

Eine bestimmte Fliegenart namens *Serromyia femorata* nimmt beim Geschlechtsakt eine Position ein, die einem innigen Kuss gleicht, doch am Ende der Paarung saugt das Weibchen das Männchen durch die Mundöffnung aus.

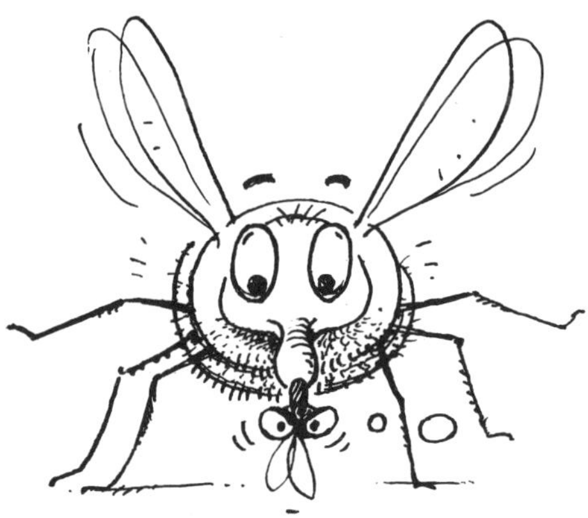

Die männliche Australische Schwarze Witwe schlägt einen Purzelbaum in die Arme ihrer Angebeteten und besteht darauf, von ihr gefressen zu werden. Wenn diese das Männchen ausspuckt, springt es sofort wieder zurück.

Die weibliche Fischerspinne (*Dolomedes triton*) vertilgt das Männchen oft schon *vor* der Paarung. Seltsamerweise ist diese

Spezies nicht so sehr vom Ausstreben bedroht, wie sie es eigentlich sein müsste.

Das harte Los des armen Gottesanbeterinnen-Männchens, das bei seinen Annäherungsversuchen größte Vorsicht walten lassen muss, ist weithin bekannt. Falls es dem Männchen gelingt, das Weibchen zu besteigen, *bevor* dieses seinen Kopf vertilgt hat, vollendet es die Kopulation, bis der Rest von ihm ebenfalls verspeist wird.

Was ist der Unterschied zwischen Männern und Frauen? Eine Frau wünscht sich einen Mann, der alle ihre Bedürfnisse befriedigt, und ein Mann wünscht sich, dass alle Frauen seinem Verlangen nachgeben.

Sexrekorde im Tierreich

Wie schneidet der männliche Sexualtrieb bei Menschen im Vergleich zum Sexualtrieb von Tieren ab?

Was die Paarungshäufigkeit betrifft, liegen Nagetiere unangefochten an der Spitze. Bei einer Mäuseart mit dem Namen Shaw-Rennmaus (*Meriones shawi*) wurden 224 Paarungen innerhalb von zwei Stunden beobachtet.

In Hinblick auf die Dauer von Bindungen hält die in Griechenland heimische Nacktschneckenart *Deroceras gorgonium* den Kurzzeit-Rekord: Ihre Leidenschaft dauert gerade einmal eine Sekunde an. Die längsten bekannten Bindungen gehen dagegen Gespenstschrecken (aus der Ordnung der *Phasmida*) ein, die mehrere Monate miteinander verbringen. Das Männchen macht es sich auf dem Rücken des Weibchens bequem, damit dieses ungestört seiner Wege gehen kann, während das Männchen bei der Sache ist.

Der Blauwal beansprucht den Rekord für den längsten Penis mit einer Länge von ungefähr drei Metern, einem Durchmesser von dreißig Zentimetern und einem Gewicht von fünfzig Kilogramm. Das ist keine Überraschung. Wenn man die Maße des Geschlechtsteils in Relation zur Körpergröße betrachtet, sieht die Sache schon anders aus. Mit knapp vier Zentimetern ist das Anhängsel der Entenmuschel anderthalb Mal so groß wie das Krebstier selbst. Das ist ziemlich beeindruckend, doch die im Verhältnis längste Banane besitzt die ausschließlich im kalifornischen Santa Cruz heimische Bananenschnecke (*Ariolimax dolichophallus*), die einen achtzig Zentimeter langen Penis hat – mehr als das Dreifache ihrer Körperlänge von fünfundzwanzig Zentimetern.

Der Preis für die größten Hoden geht an den Atlantischen Nordkaper (*Eubalaena glacialis*), dessen Gonaden bis zu tausend Kilogramm auf die Waage bringen. Bei diesen enormen Dimensionen handelt es sich um eine evolutionäre Anpassung, die durch einen »Spermienwettkampf« verursacht wurde. Sobald ein Weibchen dieser Walart brünstig wird, sind sofort mindestens dreißig Männchen zur Stelle, die sich gegenseitig wegschubsen, während sie versuchen, sich in Position zu bringen. Sobald ein Männchen fertig ist (was in der Regel eine halbe Minute dauert), wird es vom nächsten abgelöst. Und dieses vom nächsten. Jedes hegt dabei die Hoffnung, das Sperma des Vorgängers mit unbekannten Mengen seines eigenen wieder hinauszuspülen und so sicherzustellen, dass es seine eigenen Gene weitergibt.

Über die längsten Spermien verfügt jedoch eines der kleinsten Tiere überhaupt. Mit sechs Zentimetern Länge sind die Spermien der Fruchtfliegenart *Drosophila bifurca* tausend Mal länger als menschliche Spermien und zwanzig Mal so lang wie die Fliege selbst.

Die größte Vagina besitzt erwartungsgemäß der Blauwal, da

sie dem größten Penis der Welt Platz bieten muss. Der unbestrittene Sieger im Verhältnis zur Körpergröße ist allerdings eine parasitäre Nematode, der Hummel-Fadenwurm (*Sphaerularia bombi*), die sich eine Hummelkönigin als Wirt aussucht (daher auch ihr Name). Nachdem sie sich eingenistet hat, dehnt sich ihr Fortpflanzungsapparat im Körper der Hummel aus, bis er ungefähr zwei Zentimeter lang ist. Das entspricht der dreißigfachen Länge des Fadenwurms und seinem dreihundertfachen Volumen – eine Vergrößerung um dreißigtausend Prozent.

In Bezug auf Nachwuchszahlen liegen zwei Pilzarten an der Spitze: Ein einzelner Riesenbovist kann bis zu sieben Billionen Sporen enthalten, und wenn man die Sporen eines großen Schopftintlings hintereinanderlegen würde, hätten sie eine Gesamtlänge von sechsundsechzig Kilometern.

Der bescheidene männliche Mensch kann damit prahlen, dass sein Geschlechtsorgan im Verhältnis zu seiner Körpergröße größer ist als bei allen Affenarten und auch größer als bei den meisten anderen Tieren, aber abgesehen davon sollte er besser hübsch still sein.

Es ist gut, einen harten Mann zu finden.

(Mae West)

Partnersuche im Tierreich

Viele Tierarten befinden sich vor dem Aussterben. Am schlimmsten ist die Situation für diejenigen, die für den größten Teil des Jahres Einzelgänger sind und nur eine kurze Paarungszeit haben. Pandaweibchen verlieren beispielsweise ein ganzes Jahr, wenn sie während ihrer Brunst von keinem Männchen ausfindig gemacht werden. Pandabären sind vom Aussterben bedroht, da das Schwinden ihres Lebensraums dazu geführt hat, dass nur noch wenige von ihnen in der Wildnis unterwegs sind und es inzwischen beinahe unmöglich für sie ist, sich gegenseitig zu finden. Die Situation des Pandabären ist ernst, aber immer noch besser als die von Lonesome George.

Soweit wir wissen, gibt es nur einen Lonesome George. George ist eine anderthalb Meter lange, neunzig Kilogramm schwere und zwischen sechzig und zweihundert Jahre alte Schildkröte. Entdeckt wurde er 1971 auf der abgelegenen Galapagos-Insel Pinta, deren Schildkrötenbestand angeblich von kriminellen Wal- und Seehundfängern ausgerottet wurde. Inzwischen ist eine verzweifelte weltweite Suche nach einer Partnerin für den armen George im Gang, dem der Ernst seiner Lage jedoch offenbar nicht bewusst ist, da er an den bislang gefundenen Weibchen nicht das geringste Interesse gezeigt hat.

Der Osedax, ein Tiefseewurm, der gerne an Walknochen knabbert, hat eine Lösung parat. Da er nicht allzu viele Artgenossen hat, sind die Chancen, eine Mahlzeit und einen Partner zu finden, verschwindend gering. Die Weibchen dieser Gattung haben das Problem gelöst, indem sie einfach ein oder zwei winzige Männchen in sich leben lassen, damit sie sich gleichzeitig paaren und den Bauch vollschlagen können.

Viele Tiere geben sich nicht mit nur einem Satz Geschlechtsorgane zufrieden. Der Bandwurm verfügt in jedem Segment seines Körpers über jeweils einen vollständigen Satz weiblicher und männlicher Geschlechtsorgane, die unabhängig von den anderen kopulieren, wobei die entstehenden Eier von den Verdauungsabfällen des Wirts fortgeschwemmt werden. Der längste jemals gemessene Bandwurm war siebzig Meter lang und verfügte über elftausend Segmente, was bedeutet, dass dieser Wurm zweiundzwanzigtausend unabhängige Geschlechtsorgane besaß.

In der Literatur geht es vor allem darum, Sex zu haben, und weniger darum, Kinder zu bekommen; im Leben ist es genau umgekehrt.

(David Lodge)

Sex im Kopf (m)

Männer denken bekanntermaßen alle sechs Sekunden an Sex. In ihrer oft verallgemeinernden Art schreiben Evolutionspsychologen diesem Sachverhalt einen evolutionären Vorteil zu. Für einen Mann gilt, je weiter er seine Gameten verbreiten kann, desto mehr von seinen Genen werden weitergegeben. Die Evolution fördert also ganz offensichtlich Promiskuität. Wie wir allerdings aus der Realität wissen, ist Promiskuität nicht annähernd so weit verbreitet, wie Evolutionsbiologen behaupten. Anscheinend hat sie auch einen Nachteil. Wenn die gesamte Bevölkerung mit Sex und nichts als Sex beschäftigt wäre, würden Kämpfe zwischen Rivalen, das Träumen von der Ange-

beteten und die allgemeinen Obsessionen und Zwänge, zu denen der Verstand in der Lage ist, jedermanns Leben bestimmen, und nichts würde mehr vorangehen. Deshalb muss bei Menschen das Bedürfnis nach Sex von dem Bedürfnis, für die Folgen von Sex zu sorgen, ausgeglichen werden. Abstand von Promiskuität zu nehmen und sich um seinen Nachwuchs zu kümmern, ist langfristig die bessere Methode, um das Fortbestehen der Menschheit zu gewährleisten.

> **Eine Nymphomanin ist eine Frau, die genauso sexbesessen ist wie ein durchschnittlicher Mann.**
>
> *(Mignon McLaughlin)*

Sex im Kopf (w)

Die Vorstellung, dass Frauen Sex nicht mögen, ist ebenso weit hergeholt wie die Vorstellung, dass sie nicht furzen. Die Evolution hat uns alle mit einem gesunden Appetit auf Sex ausgestattet, ganz egal, welchem Geschlecht wir angehören. Da diejenigen, die mit mehr Enthusiasmus bei der Sache sind, auch den enthusiastischeren Nachwuchs produzieren, müsste der Sexualtrieb eigentlich mit jeder neuen Generation zunehmen. Obwohl die Geburtenrate seit über einem Jahrhundert abnimmt, entspricht das sicherlich auch der allgemeinen Auffassung. Jede neue Generation ist fest davon überzeugt, dass sich die Lust auf dem aufsteigenden Ast befindet und ihre Epoche die bislang promiskuitivste ist. Die Viktorianer waren berüchtigt für ihre Prüderie – sie hüllten ihre Frauen in Kleider und Petticoats, damit nicht einmal deren Fußgelenke zu sehen waren, und verdeckten sogar Tischbeine, damit sie nicht bei manchen Herren der Schöpfung schmutzige Gedanken auslösten – und befürworteten strenge sexuelle Enthaltsamkeit vor der Ehe. Doch die Wirklichkeit war alles andere als schicklich, da Gemeindearchiven in ganz England zu entnehmen ist, dass zwischen zehn und fünfundzwanzig Prozent der damals getauften Kinder unehelich waren.

Der ehemalige britische Premierminister John Major propagierte während seiner Amtszeit in den 1990er-Jahren »Familienwerte«, doch eine Reihe von Sexskandalen in seiner eigenen Regierungsmannschaft – darunter auch die Entdeckung, dass er selbst gerade erst eine Affäre mit einer seiner Kabinettsministerinnen beendet hatte –, nahm ihm den Wind aus den Segeln. Sex bleibt währenddessen trotzdem in Fahrt.

> **Das Leben im texanischen Lubbock hat mich zwei Dinge gelehrt: Zum einen, dass Gott einen liebt und dass man in der Hölle schmoren wird. Zum anderen, dass Sex die abscheulichste, schmutzigste Sache der Welt ist und dass man sie sich für jemanden aufheben sollte, den man liebt.**
>
> *(Butch Hancock)*

Religiöse und politische Führer betrachten Sexualerziehung in der Regel kritisch, weil sie a) romantische Liebe ihrer Romantik beraubt, b) zur Verwendung von Verhütungsmitteln führen könnte und c), was am wichtigsten ist, sämtliche Schüler dazu bewegt, in der nächsten Schulpause die Theorie in die Praxis umzusetzen.

Dabei sollte man nicht vergessen, dass es ohnehin zu Sex kommen wird. Dem menschlichen Organismus – Gehirn und Körper – wurde im Lauf der Evolution Fortpflanzung als alleiniges Ziel einprogrammiert. Alles andere ist Propaganda. Also kommt es entweder in Unwissenheit zu Sex, oder es kommt wissentlich dazu. Die Puritaner müssen sich an ihren Sessellehnen festkrallen, mit den Zähnen knirschen und zulassen, dass Zwölfjährige mit Verhütungsmethoden bekannt gemacht werden.

Schweden änderte 1975 seine Sexualerziehungspolitik radikal. Die Empfehlungen, abstinent zu sein und nur in der Ehe Sex zu haben, wurden fallen gelassen, Verhütungsaufklärung fand nicht mehr hinter vorgehaltener Hand statt, und es wurde ein landesweites Netzwerk aus Beratungsstellen eingerichtet, um Jugendliche zu informieren und sie mit kostenlosen Verhütungsmitteln zu versorgen. Im Lauf der folgenden beiden Jahrzehnte sank in Schweden die Zahl minderjähriger Mütter um achtzig Prozent. Sexuell übertragbare Krankheiten gingen in den 1990er-Jahren ebenfalls um vierzig Prozent zurück. In Sachen Sex darf Unwissenheit genauso wenig als Entschuldigung gelten wie bei Gesetzen.

> **Der größte Unterschied zwischen bezahltem und unbezahltem Sex besteht darin, dass Sex für Geld in der Regel weniger kostet.**
> *(Brendan Francis)*

Prostitution

Zu Prostitution kommt es häufig deshalb, weil Frauen Geld für die Erziehung ihrer Kinder benötigen und weil Männer bereit sind, ihnen dieses Geld zu bezahlen. Und sie kommt nicht nur bei Menschen vor. Auch bei Pinguinen lässt sich ein Phänomen beobachten, das streng genommen als Prostitution bezeichnet werden müsste: Sie tauschen Nistmaterial gegen Sex.

Das wirft allerdings eine Frage auf. Wenn es um die Auswahl eines Sexualpartners geht, empfinden Frauen Wohlstand und

Macht wie bereits erwähnt als überaus reizvoll (siehe Henry Kissingers Meinung in Bezug auf Macht als Aphrodisiakum, S. 76). Dafür gibt es einen praktischen Grund, nämlich die Erziehung der Kinder. Worin besteht also der Unterschied? Einerseits bieten Prostituierte Sex gegen Geld an; andererseits nehmen Mütter Geld von ihrem Sexualpartner an.

Ein wichtiger Unterschied sind die Emotionen. Prostitution bietet Sex ohne Gefühle und ist deshalb keine explosive Zigarre. In Mae Wests Worten ist sie »ein Geschäft, Vergnügen mit jemandem zu haben«. Die Erziehung eines Kindes in der Familie bringt alle möglichen Emotionen mit sich: die Freude, etwas miteinander zu teilen, sowie die Qual, unterschiedlicher Meinung zu sein; die Geborgenheit in der Beziehung sowie die Einsamkeit nach einer Trennung; den Spaß am Sex sowie die quälende Eifersucht bei Verdacht. Diese Emotionen können ein Mahlstrom sein, doch sie existieren für einen guten Zweck.

Geh nie mit jemandem ins Bett, der verrückter ist als du selbst.

Sex in der Beziehung

Wenn alles glatt läuft, was das »egoistische Gen« betrifft, hat man nicht nur eine wunderbare Nacht hinter sich – mit Küssen, Zärtlichkeiten und Höhepunkten –, sondern wähnt sich auch noch beim Frühstück im siebten Himmel. Beim Orgasmus werden große Mengen Oxytocin produziert, und auch in anderen Momenten der Zweisamkeit, wenn man sich berührt, umarmt und unterhält, werden kleinere Dosen davon ausgeschüttet. Oxytocin wird auch als »Vertrauensdroge« bezeichnet. Als es verschiedenen Personen vor einem Experiment zum Test der

Risikobereitschaft verabreicht wurde, stellten diese größeres Selbstvertrauen unter Beweis als andere Testkandidaten. Man vermutet, dass es die Amygdala beeinträchtigt, den Bereich des Gehirns, der für Furcht und Panik verantwortlich ist.

Am Morgen danach ist das Gehirn noch immer von Oxytocin durchflutet. Wenn sich nach und nach das Gleichgewicht wieder einstellt, kommt man zu der Erkenntnis, dass der Partner oder die Partnerin völlig verrückt ist. Das kann Wochen dauern oder nur Minuten, doch neben diesem reinen Verstandeswissen existiert noch das bedeutendere hormonelle Wissen, dass Sex mit ihm oder ihr Spaß macht. Oxytocin sorgt dafür, dass die sexuelle Beziehung fortgesetzt wird. Man hasst sich. Man vergöttert sich. Man richtet den Blick zum Himmel und murmelt: »Ich kann nicht mit ihm/ihr leben, ich kann nicht ohne ihn/sie leben.« Selbst ist man natürlich völlig normal.

Liebe ist eine Frage der Chemie, Sex eine Frage der Physik.

Lässt sich Sex wissenschaftlich erklären?

Ein Grund dafür, weshalb normale Menschen Wissenschaftler hassen, ist der, dass sie allem die Romantik rauben. Kunst ist eine Frage von Pigmenten und Photonen, Musik besteht aus komplexen Luftschwingungen, und Liebe ist nicht mehr als Moleküle, an die Hebel und Kräfte angesetzt werden. Und ein bisschen Hydraulik.

Viele Psychologen versuchen, das menschliche Verhalten auf mathematische Formeln zu reduzieren. Der amerikanische Experimentalpsychologe Clark Hull beherrschte dieses Forschungsgebiet in den 1940er- und 1950er-Jahren. Er versuchte beharrlich, ein präzises mathematisches Modell zu entwickeln, das veranschaulicht, welche Aspekte unseres Verhaltens worauf zurückzuführen sind. Seine Beschreibungen von Verhalten waren voller klangvoller Begriffe – Gewohnheitsstärke, unkonditionierte Reflexe und fraktionierte antizipatorische Zielreflexe, eingebettet in präzise mathematische Formeln –, die allesamt verzweifelte Versuche darstellten, Ordnung in das Chaos aus Launen und Fantasien bringen, das menschliches Verhalten heißt. Sein Modell ließ sich nicht einmal auf Ratten in einem Labyrinth anwenden, geschweige denn auf Menschen.

Wenngleich die Funktionsweise unseres Gehirns für unser Gehirn unvorstellbar schwer zu verstehen ist, sollten wir uns in Erinnerung rufen, dass Emotionen keine quasireligiöse, außerkörperliche Erfahrung sind, die von einer uns unbegreiflichen spirituellen Macht kontrolliert wird, sondern auf Hormone zurückzuführen sind, und dass diese Hormone ein Resultat der Evolution sind.

Das mag der Freude zwar etwas von ihrem Zauber nehmen, doch es macht auch den Kummer am Ende einer Romanze etwas weniger schmerzlich. Dieselbe Armee von Emotionen, die einen die Stufen hinaufgetragen hat, als man verliebt war, stürzt einen in den tiefsten Abgrund, sobald die Liebesbeziehung vorbei ist. Das Wissen, dass nur ein Haufen chemischer Stoffe daran schuld ist, wird dann vielleicht ein wenig Trost spenden.

Das Herz ist in der Liebe allein dafür zuständig, den Mittelpunkt zwischen Gehirn und Lenden zu markieren.

Die Wahrheit darüber, wo die Liebe zuhause ist

Vielleicht ist es an der Zeit, Valentinstagskarten neu zu gestalten. Die Verwendung eines Herzsymbols als Zeichen von Zuneigung ist völlig überholt. Zu Zeiten von Aristoteles, vor 2500 Jahren, galt das Herz als absolutes Zentrum, sowohl in räumlicher als auch in hierarchischer Hinsicht. Man hielt es für den Teil des Körpers, der sich im embryonalen Stadium als Erstes entwickelt, und glaubte, es sei die Quelle der Körperwärme und spiele eine bedeutende Rolle bei der Ernährung. Und es galt als Ursprung von Emotionen und Empfindungen, da man davon ausging, dass es das »zentrale Sinnesorgan« beherberge, eine Art Koordinationszentrum, das Informationen von den peripheren Sinnesorganen empfängt (über die Blutgefäße) und Befehle an die Gliedmaßen und an andere an Bewegungen beteiligte Körperteile aussendet. Dem Gehirn, so glaubte man, fiele dagegen nur die Aufgabe zu, das Blut zu kühlen wie der Kühler eines Autos. Weniger als ein Jahrhundert später wies Galen in Alexandria nach, dass das Gehirn der Ursprung von Gefühlen und Gedanken ist, doch der Schaden war bereits angerichtet, und der Irrglaube, dass das Herz weit mehr als eine einfache Pumpe sei, hat sich weit verbreitet. Deshalb ist auf Valentinstagskarten ein Herz abgebildet.

Da wir mittlerweile wissen, dass unsere Emotionen einem Teil des Gehirns entstammen, der als limbisches System bezeichnet wird, sollten wir in den sauren Apfel beißen und es auch auf unseren Valentinstagskarten abbilden. Der Empfänger oder die Empfängerin einer solchen Karte hätte bestimmt keinerlei Zweifel hinsichtlich der Gefühle des Absenders.

Sexuell übertragbare Krankheiten (abgesehen vom Leben)

Das Leben ist eine sexuell übertragbare Krankheit.

Wenn man es sich recht überlegt, haben sich sexuell übertragbare Krankheiten eine ausgezeichnete Methode ausgesucht, um sich zu verbreiten. Das Leben als gewöhnlicher Krankheitserreger ist nämlich nicht ganz ungefährlich. Wenn man eine ansteckende Krankheit ist, muss man so lange auf jemandes Hand verharren, bis derjenige jemand anderen berührt. Dann hüpft man auf dessen Hand, hält den Atem an und wartet, bis er die Finger in den Mund steckt. Außerdem besteht immer die Gefahr, dass der Wirt sich die Hände wäscht und damit alles ruiniert.

Wenn man dagegen eine *infektiöse* Krankheit ist, wird man in die Luft geniest – und was passiert dann? Man ist den Launen des Luftzugs ausgeliefert. Womöglich versucht man am Ende sogar, eine Fußbodendiele zu infizieren.

Als sexuell übertragbare Krankheit hat man es viel leichter. Man hat ein warmes, feuchtes und dunkles Zuhause, genau so, wie es einem gefällt, und man wird direkt weitergegeben – in sein neues Heim gepumpt, gerieben und injiziert. Das Einzige, worum man sich Sorgen machen muss, ist, ob der Wirt oder die Wirtin Geschlechtsverkehr haben wird, und man kann sich sicher sein, dass er oder sie die meiste Zeit des Tages und der Nacht unermüdlich auf dieses Ziel hinarbeitet. Das sind gute Nachrichten für Gonorrhoe, Chlamydien, Syphilis, Genitalwarzen, Genitalherpes, AIDS, Hepatitis, Vaginitis und zahlreiche weniger bekannte und weniger gefährliche Gesellen, aber keine guten Nachrichten für den neuen Liebhaber oder die neue Liebhaberin der Wirtin oder des Wirtes.

7. Ehe-Weisheiten

Unser Freund der Laubenvogel, der uns gezeigt hat, wie man hin und her stolziert und die Damen beeindruckt, hat keine nützlichen Ratschläge parat, wenn es um die Ehe geht. Für ihn und viele andere Tiere ist es mit der Partnerschaft gleich nach der Paarung wieder vorbei. Den evolutionären Vorteil, den das Zusammenbleiben mit sich bringt, kennt er nicht. Säugetiere, insbesondere Menschen, nehmen sich dagegen Zeit, um sich um ihren Nachwuchs zu kümmern.

Verantwortlich dafür ist allein die Größe des Gehirns. Tiere mit kleinerem Gehirn müssen sich auf ihre Instinkte verlassen – auf angeborene, automatische Reflexe. Säugetiere mit größerem Gehirn sind im Gegensatz dazu in der Lage, ihr Verhalten zu modifizieren. Während eine Fliege immer wieder mit dem Kopf gegen die Fensterscheibe stößt, begreift ein Hund sehr schnell, dass es auf diesem Weg kein Durchkommen gibt, und ein Affe findet nach einigem Herumprobieren sogar heraus, wie sich das Fenster öffnen lässt. Bei der Intuition des Affen handelt es sich allerdings nicht um einen Automatismus. Affen (auch die haarlose Spezies) brauchen Zeit, um zu lernen, wie die Welt funktioniert. Aus diesem Grund dauert ihre Kindheit länger als bei anderen Lebewesen.

Die Heirat verbindet das Brautpaar mit einer Gemeinschaft von Menschen, die ihre eigenen Erfahrungen unbedingt an die nächste Generation weitergeben möchten. Von nun an ist das glückliche Paar von einer kleinen Armee von Freunden, Verwandten und Experten umgeben, die ihnen allesamt mit Rat und Tat zur Seite stehen. Sie alle sind für eine junge Familie in einer halbwegs funktionierenden Welt von Nutzen und in schweren Zeiten absolut überlebenswichtig.

Aber was ist mit jenem seltsamen modernen Konzept, dem kinderlosen Paar, das noch ein paar Jahre weiterarbeiten möchte, um Karriere zu machen und Immobilieneigentum zu erwerben, bevor es Kinder bekommt? Die Familie ohne Nachwuchs war von der Evolution nicht eingeplant. Wir sind darauf angelegt, in exakt neun Monaten Nachwuchs zu produzieren. Funktionieren die alten Instinkte in diesem neuen Format überhaupt?

> **Wenn die Hochzeitsgeschenke nicht wären,**
> **würde man besser heimlich heiraten.**
>
> *(G. Ade)*

Die Hochzeit

Hochzeiten sind in vielerlei Hinsicht Zerreißproben für die Nerven, nicht zuletzt deshalb, weil die Erbmassen von Braut und Bräutigam sich womöglich zum ersten Mal mischen, wenn sich Scharen von Cousinen und Onkeln aus beiden Familien bei den Feierlichkeiten vermengen. (Die Frage ist, was dabei mit all den umherschwirrenden Haupt-Histokompatibilitäten geschieht.) In einer Hochzeit spiegeln sich häufig die Hochzeiten der Eltern von Braut und Bräutigam wider. Wie wir auf Seite 19 f. erfahren haben, sind Kinder unter Umständen so sehr an ihr familiäres Umfeld gewöhnt, dass sie sich in fremder Umgebung unwohl fühlen. Auf Seite 78 f. haben wir gelernt, dass wir dazu neigen, uns Partner auszusuchen, die uns in bestimmten wichtigen Punkten an unsere Eltern erinnern. Daher könnte man erwarten, dass die beiden Clans sich ähneln. Hochzeiten bieten die Gelegenheit, die Zutaten zu mischen, um herauszufinden, ob die Chemie stimmt.

> **Es spielt nicht die geringste Rolle, wen man heiratet: Am nächsten Morgen stellt man sowieso fest, dass es jemand anderer war.**
>
> *(Will Rogers)*

Einen Tag später

Wie schade, dass heutzutage so viele Paare bereits vor der Hochzeitsnacht dem Sex frönen. Somit entgeht ihnen das wahre Drama dieser ersten entblößten Begegnung. Was geht ihm durch den Kopf, wenn sie ihre falschen Wimpern, ihre Haarverlängerungen, ihre BH-Polster und ihr Make-up ablegt? Und wird sie ihn auch ohne sein Toupet und seine dritten Zähne lieben? Ja, das Schauspiel ist zu Ende, und die Requisiten werden beiseitegelegt. Während der Flitterwochen findet er heraus, dass auch Damen furzen können, und sie stellt fest, dass Männer schnarchen. Wie sich herausstellt, müssen alle Achseln dieser Welt hin und wieder gewaschen werden. Und trotzdem lieben sich die beiden. Liebesdrogen wie Oxytocin, die das Gehirn beim Liebesakt produziert, sorgen dafür, dass sie in Gegenwart des anderen euphorisch sind und sich entspannt und geborgen fühlen. Wenn die Hormone nicht wären, würden sie wie gute Freunde miteinander umgehen, statt sich zu streiten, wer im Bett schläft und wer auf dem Sofa.

Ruskins Hochzeits-Desaster

John Ruskin, der berühmte Kunstkritiker des 19. Jahrhunderts und Verfechter der Präraffaeliten, verlebte 1848 eine Oxytocin-freie Hochzeitsnacht, die bis heute in Künstlerkreisen für Klatsch und Tratsch sorgt. Er stellte entsetzt und angewidert fest, dass seine Braut Effie Schamhaar besaß.

Ruskin hatte vermutlich geglaubt zu wissen, wie eine nackte Dame aussieht. Schließlich hatte er in unzähligen Gemälden genug von ihnen zu Gesicht bekommen. Was er dabei allerdings nicht eingerechnet hatte, war die damalige stillschweigende Übereinkunft, dass Schamhaar nicht in Gemälden abgebildet werden solle. Abgesehen von ein paar Ausrutschern, allen voran Goyas *La Maja Desnuda*, hielt man sich weltweit an diese Konvention. Ruskin war derart schockiert, dass er die Ehe umgehend annullieren ließ.

Alle Ehen sind glücklich. Es ist das Zusammenleben im Anschluss daran, das all die Probleme verursacht.

(Raymond Hull)

Eine Woche später

Die Situation hat sich leicht verändert. Wenn die Hochzeit dem Gewinn einer Weltmeisterschaft glich, war die Hochzeitsnacht, als würde man Champagner aus dem Pokal trinken. Doch den Rest der Woche hat man damit verbracht zu diskutieren, wer den Abwasch erledigt.

Die Veränderung ist minimal und geht vermutlich im Tohuwabohu der Flitterwochen unter, doch es gibt von Anfang an ein leichtes, unterschwelliges Gerangel um die Führungsposition. Selbst in den besten Familien – eigentlich sogar *gerade* in den besten Familien – endet schließlich einer als *capo di tutti*. Selbstverständlich gesteht keiner ein, *secondo* zu sein, da das einer Erniedrigung gleichkäme und geradewegs in die Trunksucht führen würde. Deshalb sind beide Ehepartner der Meinung, sie hätten die Hosen an. Im 2. Kapitel über die Unterschiede zwischen Mann und Frau haben wir jedoch erfahren, wie es im durchschnittlichen Haushalt aussieht (unter dem inzwischen überstrapazierten Vorbehalt, dass die meisten Haushalte nicht durchschnittlich sind). Er ist größer. Sie ist schlauer. Deshalb ist er der Befehlshaber, während sie entscheidet, was er befiehlt und wie.

In einer solchen Ehe wird er also zweifellos darauf bestehen, dass sie sich um die trivialen Dinge des Lebens kümmert und entscheidet, welches Haus gekauft wird, wie es eingerichtet wird, auf welche Schule die Kinder gehen und so weiter, während er die Entscheidungen bei den wirklich wichtigen Fragen trifft, wie zum Beispiel, ob Sri Lanka den Tamilen Unabhängigkeit zugestehen sollte.

> **In jeder Ehe, die länger als eine Woche dauert, gibt es Gründe für eine Scheidung. Der Trick besteht darin, immer wieder Gründe für die Ehe zu finden.**
>
> *(Robert Anderson)*

Einen Monat später

Nachdem ein paar Wochen verstrichen sind, nehmen die Turteltauben wieder Kontakt zur Außenwelt auf und setzen ihr Leben außerhalb ihres Liebesnests fort. Dadurch dringt die Außenwelt ein Stück weit ins traute Heim ein. Sobald die Arbeitsbelastung steigt, kreisen die Gedanken um Terminpläne, und Akten füllen jeden freien Fleck im Wohnzimmer. Romantische Abendessen werden auf Fastfood bei Kerzenlicht reduziert. Es scheint, als wäre man nie gleichzeitig zu Hause. Das kommt vom Karrieremachen. Doch während man Karriere macht, untergräbt man seine Beziehung. Hat man ohne die Oxytocin-Lieferanten Sex, Zärtlichkeit und Spaß überhaupt eine Chance?

Es besteht die Gefahr, dass die Hormone, die während des Werbens das Orchester gestellt haben, jetzt nicht mehr ganz auf der Höhe sind. Man wird langsam wieder zu dem Menschen, der man war, bevor man sich verliebt hat. Donnerwetter! Das ist lange her. So lange, dass einem einige der achtlosen, egoistischen Dinge, die man tut, jetzt sogar selbst merkwürdig vorkommen. Das sind sie allerdings auch. Und die egoistischen, ärgerlichen Anwandlungen, die der Partner oder die Partnerin hat, zeigen auch sein oder ihr wahres Gesicht.

> **Eine erfolgreiche Ehe setzt voraus, dass man sich viele Male verliebt, und zwar immer wieder in denselben Menschen.**
>
> *(Mignon McLaughlin)*

Sechs Monate später

Geben Sie nicht auf! Die Liebe ist niemals tot, sie schläft nur. Die Bindung wird fortgesetzt, wenn Sie kleine Dinge füreinander tun. Kleine Geschenke, kleine Umarmungen. Ein Lächeln. Eine helfende Hand. Und vergessen Sie nicht, das Öl von den Vorhängen zu entfernen, wenn Sie mit dem Putzen Ihrer Harley Davidson im Wohnzimmer fertig sind. Alle diese kleinen Gesten werden Ihren Drüsen ein paar Oxytocin-Moleküle entlocken und für einige Zeit wieder Freude in Ihr Leben bringen.

Und Geschenke. Kleine Geschenke sind ein bewährter Garant für eheliche Glückseligkeit. Nehmen Sie sich ein Beispiel an den Maskentölpeln: Mit viel Aufhebens und zahlreichen Verbeugungen überreicht das Männchen seiner Auserwählten einen Kieselstein. Reihermännchen beschenken ihre Weibchen mit großen Zweigen, dem Äquivalent zum Bügelbrett im Vogelreich. Fangschreckenmännchen bieten sich in einer edlen Geste der Bescheidenheit sogar selbst als Mahlzeit an. Es erübrigt sich zu erwähnen, dass ihre Ehe nur von kurzer Dauer ist.

Noch ein Hinweis zu Geschenken: Sie sollten Ihrer besseren Hälfte immer etwas schenken, das ihr auch gefällt. Wenn sie Blumen mag, sollten Sie ihr einen Blumenstrauß mitbringen. Wenn sie Blumen ganz besonders gerne mag und Tausende von Blumen im Garten angepflanzt hat, sollten Sie ihr trotzdem einen Blumenstrauß mitbringen. Die Angelegenheit kann aber auch außer Kontrolle geraten: Falls sie irgendwann einmal im Spaß Interesse für Frösche bekundet hat, wird sie womöglich Jahre später feststellen, dass sie jetzt ein ganzes Zimmer voller Frosch-Sammelstücke besitzt.

Wie kann man von einer Frau erwarten, dass sie mit einem Mann glücklich ist, der darauf besteht, sie zu behandeln, als sei sie ein völlig normaler Mensch?

(Oscar Wilde)

Ein Jahr später

Ohne die beständige Auffrischung der Zuneigung wird die Kaskade von Gefühlen, die eine Romanze mit sich bringt, irgendwann verebben. Noch einen evolutionären Augenblick zuvor hätte man zu diesem Zeitpunkt bereits ein Baby gehabt, das die Bindung durch eine ganze Palette von Hormonen und Motivationen gestärkt hätte. Doch ohne diesen Extrakick setzt schließlich hormonelle Ermüdung ein. Der Oxytocinspiegel sinkt, und das Ende des emotionalen Feuerwerks wird absehbar, während der Amygdala freie Hand gelassen wird, Unmut, Panik und Abneigung ins Spiel zu bringen. Der Dopaminspiegel sinkt ebenfalls, und der Belohnungseffekt schwindet. Der Serotoninspiegel dagegen steigt, und der Kritiker am Herd meldet sich zu Wort.

Die amerikanische Humoristin Helen Rowland hat einmal gesagt: »Vor der Hochzeit legt einem ein Mann sein ganzes Leben zu Füßen; nach der Hochzeit legt er nicht einmal seine Zeitung beiseite.« Beide Partner kommen zu dem Schluss, dass ihnen im Hafen der Ehe das Wasser bis zum Hals steht. Vielleicht macht sich sogar das beunruhigende Gefühl breit, das die amerikanische Schauspielerin Mary Tyler Moore überaus treffend beschrieben hat: »Manchmal muss man jemanden wirklich gut kennen lernen, um zu merken, dass er einem eigentlich völlig fremd ist.«

Nichts verläuft jemals in geregelten Bahnen.

(Samuel Butler)

Zwei Jahre später

Ihre Angehörigen, Freunde und Kollegen haben nun begriffen. Sie betrachten Sie jetzt als Paar und sprechen zu Ihnen als Paar, deshalb können Sie unmöglich irgendetwas anderes sein. Alle rufen Ihnen ständig in Erinnerung, dass Sie ein Paar sind, auch an den Tagen, an denen Sie sich wünschen, der ganze Planet befände sich zwischen Ihnen. Gruppen sind äußerst einflussreich. In kleinen Gemeinschaften, wie zum Beispiel in Ortschaften, die ausschließlich von der Landwirtschaft oder von der Fischerei leben, wo Arbeitskollegen Freunde sind und Freunde Angehörige, wo jeder jeden kennt, stehen sich in der Regel alle Generationen mit Rat und Tat zur Seite. Die Älteren haben die gleichen Probleme am eigenen Leib erfahren und können deshalb Ratschläge geben, und die Jüngeren lernen, wie die Welt funktioniert, indem sie der mittleren Generation zusehen, die ihnen mit gutem Beispiel vorangehen möchte.

Wer nicht in einer solchen Gemeinschaft lebt, für den gibt es Seifenopern im Fernsehen, deren Handlung das wahre Leben widerspiegelt, sodass man sich darin wiederfindet, wenn man genau genug hinsieht. Seifenopern könnte man als natürliches Nebenprodukt der Evolution betrachten. Unser Instinkt für Teamwork, durch den wir Menschen uns von den Tieren abheben, ist noch immer ein Teil unseres Genoms und wird in Seifenoperhandlungen sublimiert.

> **Ein Vorteil der Ehe ist der, dass sie zwei Menschen, die einander nicht mehr lieben, zusammenhält, bis sie sich wieder ineinander verlieben.**
>
> *(Judith Viorst)*

Sieben Jahre später

Fühlen Sie sich reif für die Scheidung? Das Gesetz ist da, um zu helfen, obwohl es langsam, unfair und kostspielig ist. Wer die Gesetzgebung für unzulänglich hält, sollte sich jedoch einmal überlegen, mit welchem Mob sie sich herumschlagen muss. Es gibt ebenso viele unterschiedliche Scheidungsfälle, wie es Menschen auf diesem Planeten gibt. Wie Tolstoi es formulierte: »Alle glücklichen Familien gleichen einander; jede unglückliche Familie ist auf ihre eigene Weise unglücklich.« Herauszufinden, wer recht hat und wer unrecht hat, wenn zwei Menschen sich überwerfen, ist äußerst kompliziert, äußerst lukrativ für Rechtsanwälte und eine finanzielle Katastrophe für die Betroffenen.

Wenn man es sich genau überlegt, gibt es keinen logischen Grund dafür, weshalb zwei verheiratete Menschen sich überhaupt an dem schwierigen Kunststück des Zusammenlebens versuchen sollten, solange sie keine Kinder haben – es sei denn, aus Furcht vor dem anderen schwierigen Kunststück: der Scheidung.

Sokrates brachte es auf den Punkt:

Wer einen guten Partner findet, wird glücklich;
wer nicht, wird Philosoph.

8. Auf Abwegen

Präriewühlmäuse standen in letzter Zeit im Rampenlicht der Wissenschaft. Verhaltensforscher haben herausgefunden, dass sie monogam leben. Das kommt bei Tieren so selten vor, dass es fast schon als anomal gilt. Da selbst die eng verwandten Feldmäuse ebenso promiskuitiv sind wie der Rest der Tierwelt, zerren Wissenschaftler unentwegt Präriewühlmäuse und Feldmäuse aus ihren Löchern, um sie Tests zu unterziehen und die Ursachen für diesen Unterschied herauszufinden. Was macht eine liebestolle Maus zu einer häuslichen Maus? Wir glauben, die Antwort inzwischen zu kennen (siehe S. 105). Bleibt nur zu hoffen, dass die Ehe der Präriemaus der ganzen Aufmerksamkeit und Publicity standhält.

Sind Menschen monogam? Nein. Man braucht nur irgendeine x-beliebige Zeitung aufzuschlagen oder irgendein x-beliebiges Gerücht zu hören, um zu erfahren, was los ist. Sollten wir uns deshalb Sorgen machen? Die meisten Zoologen würden mit den Schultern zucken. Säugetiere sind nur sehr selten länger als eine Brutsaison monogam. Die Ausnahme bilden Hunde, Gibbons, einige südamerikanische Affenarten und natürlich Präriewühlmäuse. Damit ist die Liste fast komplett. Die Erkenntnis, dass Tiere promiskuitiv sind, ist verhältnismäßig neu. Bis vor kurzem konnte man die Kamera auf fast jedes tierische Duo richten und sich sicher sein, dass man Filmmaterial von einem treuen Pärchen bekommen würde, das sich gemeinsam abrackert, um seinen Nachwuchs zu ernähren und zu beschützen:

das Rotkehlchen und seine Gefährtin, das Eichhörnchen und sein Gemahl. Was diesen Kameras entging, waren die heimlichen Tändeleien und die geheimen Affären, denen sich fast jedes Tier hingibt, wenn die Kameras (und der Partner) nicht hinsehen. Weibchen sind ebenso dafür zu haben wie Männchen. Selbst im klassischen Schimpansen-Szenario, in dem das stolze Alpha-Männchen seinen Harem beschützt und bis aufs Blut kämpft, um rangniedrigere Männchen fernzuhalten, verschwinden die Weibchen gelegentlich mit einem der Junioren hinter einem Baum. Dieses Wissen haben wir Überwachungskameras zu verdanken, die mittlerweile in jedes Versteck vorgedrungen sind.

Aber wir Menschen, wir sind doch treu – bis auf sehr wenige, von den Medien breitgetretene Fälle, die den guten Ruf des

Homo sapiens in den Schmutz ziehen –, sagen die Ewiggestrigen, oder sagten sie zumindest, bis die Beweislast zu erdrückend wurde.

Monogamie lässt zu wünschen übrig.

Untreue

Der erste Riss in der Fassade tauchte bereits in den 1940er-Jahren in der ruhigen Entbindungsstation eines ehrenwerten amerikanischen Krankenhauses auf, das bis zum heutigen Tag namenlos bleiben muss. Bei Routine-Blutuntersuchungen stellte sich heraus, dass zehn Prozent der Babys Blutgruppen hatten, die weder der ihrer Mutter noch der des Ehemanns ihrer Mutter entsprachen. Den Ärzten war klar, was das bedeutete, doch der Riss wurde rasch wieder zugespachtelt. Die Entdeckung wurde nicht veröffentlicht. Es handelte sich sicher um eine Ausnahme. Später bestätigten Sexualverhaltensumfragen von Alfred Kinsey (1948), Masters und Johnson (1966) und Shere Hite (1976), dass wir tatsächlich so promiskuitiv sind, wie das Schulterzucken von Zoologen andeutet. Zehn Prozent, das ist die Quote: Jeder Zehnte hat einen Vater, der nicht sein Vater ist.

Die Tasmanier, die niemals Ehebruch begingen,
sind bekanntlich ausgestorben.

(W. Somerset Maugham)

Die wissenschaftliche Erklärung für Untreue

Evolutionsbiologen können eine wissenschaftliche Erklärung für Untreue bei Männern liefern. (Die Tendenz, Untreue erklären zu wollen, anstatt sie einfach zu verdammen, ist der Grund für den schlechten Ruf von Evolutionsbiologen.) Das »Ziel« der Evolution ist, dass so viele Babys wie möglich geboren werden. Je mehr Nachwuchs ein männliches Lebewesen zeugen kann, desto weiter verbreiten sich seine Gene. Die eigenen Kinder großzuziehen ist zeitaufwändig und kostspielig, insbesondere in Hinblick darauf, dass sie die kommenden zwanzig Jahre zu Hause herumhocken werden. Was wäre also besser, als die Erziehung auf jemand anderen abzuwälzen? Aus männlicher Sicht bietet Untreue einen evolutionären Vorteil, der dafür sorgt, dass Männer fremdgehen - nicht weil sie unmoralisch sind, sondern weil sie Sklaven ihrer genetischen Bestimmung sind. (Bitte versuchen Sie nicht, dieses Argument vor Gericht zu verwenden.)

Untreue ist die Anwendung von Demokratie in der Liebe.

(H. L. Mencken)

Sind Frauen genauso promiskuitiv wie Männer?

Theoretisch kann ein Mann im Lauf seines Lebens 15000 Orgasmen haben und 15000 Kinder zeugen. Den Vaterschaftsrekord stellte im 18. Jahrhundert der marokkanische Herrscher Moulay Ismail der Blutdürstige mit 888 Kindern auf. Normalerweise strengen wir uns jedoch nicht so sehr an. Die britische Durchschnittsfamilie hat 1,99 Kinder.

Für Frauen sieht die Situation natürlich völlig anders aus. Da sie die unvorhergesehenen Konsequenzen eines Seitensprungs neun Monate lang mit sich herumschleppen, würde man erwarten, dass sie bei ehebrecherischen Aktivitäten größere Vorsicht walten lassen. Allerdings gehören immer zwei dazu, und allen verfügbaren Umfragen zufolge sind Frauen ungefähr halb so oft untreu wie Männer. Diese Zahlen gelten weltweit, und da es sich nicht um ein neues Phänomen handelt, kann man davon ausgehen, dass Frauen trotz der Gefahr einer Schwangerschaft untreu waren, sind und sein werden.

Auf unsere Geliebten und Ehefrauen – auf dass sie sich niemals begegnen mögen!

Warum gehen Frauen fremd?

Kann die Evolutionspsychologie irgendeine Antwort liefern, irgendeine hieb- und stichfeste, mathematisch fundierte Begründung für Untreue von Frauen? Es gibt drei mögliche Erklärungen, die in unserer bequemen Welt absurd klingen, in Hinblick auf die Überlebenschancen in härteren Zeiten allerdings äußerst sinnvoll erscheinen. Unsere menschenähnlichen Vorfahren fristeten ein beschwerliches Dasein in der Savanne und waren stets von Hungersnöten und Krankheiten bedroht. Damals war es aus verschiedenen Gründen von Vorteil, mehr als nur einen Partner zu haben:

1) Der Mann konnte jederzeit von einem Raubtier getötet werden, bei einem Kampf oder Unfall ums Leben kommen oder einer Krankheit zum Opfer fallen. Wenn die Frau alles auf eine Karte setzte, lief sie Gefahr, ihren Ernährer zu verlieren.

2) Größere genetische Vielfalt macht sich beim Kampf gegen Parasiten bezahlt, und Polygamie mischt die Gene.
3) Mehrere männliche Ernährer zu haben bedeutete, mehr Nahrung und Unterstützung für die Kinder zu bekommen.

In Anbetracht solcher Ausreden ist die Untreuerate bei Menschen erstaunlich gering. Zehn Prozent sind eine Zahl, bei der man sich eigentlich in Sicherheit wiegen kann, es sei denn, der eigene Partner gehört zu diesen zehn Prozent.

Mutterschaft ist eine Tatsache.
Vaterschaft ist Ansichtssache.

Das Mysterium des versteckten Eisprungs

Zwischen uns Menschen und den meisten Tieren existieren drei große Unterschiede: Erstens gibt es in Bezug auf Sex offenbar nie Nebensaison. Bei Tieren findet der Eisprung – und daher Kopulation – nur während einer kurzen Zeitspanne statt. Wir Menschen können dagegen siebzig Jahre lang ganzjährig ein aktives Sexualleben führen. Zweitens ist Frauen nicht anzumerken, wann sie fruchtbar sind, obwohl das nur einmal im Monat für einen kurzen Zeitraum der Fall ist. Dieser so genannte »versteckte Eisprung« gibt der Evolutionswissenschaft Rätsel auf. Drittens ist der Geschlechtsakt für uns Menschen Privatsache, während Tiere recht offen damit umgehen. (Selbst Paul McCartneys Song »Why Don't We Do It in the Road«, »Warum tun wir es nicht auf der Straße?«, enthält trotz seiner Anzüglichkeit und Freimütigkeit die versöhnliche Zeile: »No one will be watching us«, »Niemand wird uns zusehen.«)

In der Summe bedeuten diese drei Faktoren, dass niemand

außer der Frau selbst wissen kann, wann sie Sex hat, mit wem sie Sex hat und ob sie zu diesem Zeitpunkt einen Eisprung hat. Warum ist das so? In *Der dritte Schimpanse – Evolution und Zukunft des Menschen* listet Jared Diamond nicht weniger als sechs mögliche Gründe auf, weshalb sich bei unseren frühesten Vorfahren der versteckte Eisprung entwickelt hat:

1) Der versteckte Eisprung hat sich entwickelt, um die Aggressionen zwischen Männern zu reduzieren. Da sie sich so ihrer Vaterschaft niemals ganz sicher sein konnten, wurde sexuelle Rivalität sinnlos. Infolgedessen bekämpften sie sich seltener und taten sich bei wichtigeren Aktivitäten zusammen, wie beispielsweise bei der Jagd.
2) Der versteckte Eisprung und die ständige Bereitschaft der Frau zu sexuellen Handlungen haben sich entwickelt, um ihr die Möglichkeit zu geben, die Bindung mit dem Partner durch Belohnung in Form von Geschlechtsverkehr zu festigen.
3) Brünstige Schimpansenweibchen werden von den Männchen beschützt und mit Nahrung beschenkt. Die scheinbar ständige Paarungsbereitschaft von Frauen sorgt dafür, dass sie ständig in irgendeiner Form beschenkt werden.
4) Da der Mann sich niemals sicher sein kann, wann seine Partnerin ihren Eisprung hat, darf er nicht von ihrer Seite weichen, um mit anderen Frauen zu schäkern.
5) Viele Primaten-Männchen haben die Angewohnheit, Junge zu töten, die nicht ihre eigenen sind, um sicherzugehen, dass das Weibchen nur die eigenen Nachkommen aufzieht. Aufgrund des versteckten Eisprungs kann sich das Männchen nicht sicher sein, wer wessen Nachkomme ist, und läuft Gefahr, einen eigenen Sprössling zu töten.
6) Das Gebären ist bei Menschen eine äußerst schmerzhafte

und gefährliche Angelegenheit, was in erster Linie an der Größe des Babykopfes liegt, der den Gebärmutterhals passieren muss. Frauen, die sich ihres Eisprungs bewusst waren, konnten zu diesen Zeiten Geschlechtsverkehr vermeiden und sich die Qualen des Entbindens ersparen. Dass die Menschheit nicht ausgestorben ist (weil sie keinen Nachwuchs mehr produziert hat), haben wir den Frauen zu verdanken, die nicht merkten, ob sie einen Eisprung hatten oder nicht.

Die Ingeniosität dieser Begründungen ist bewundernswert, da sie alle plausibel sind, aber vermutlich keine beweisbar ist. Sie haben die Auswahl.

Moralische Empörung besteht in der Regel zu zwei Prozent aus Moral, zu achtundvierzig Prozent aus Empörung und zu fünfzig Prozent aus Neid.

(Vittorio de Sica)

Untreue und Medien

Warum schlagen die Medien einen derart schockierten Ton an, wenn sie aufdecken, dass jemand eine Affäre hat? Es gibt klare Beweise dafür, dass Untreue vorkommt – diesbezüglich sind sich alle »-ologen« einig. Zoologen sagen uns, dass sie im Tierreich völlig normal ist. Anthropologen sagen uns, dass sie in allen Kulturen zu beobachten ist. Archäologen sagen uns, dass es sie schon vor Jahrtausenden gab. Biologen haben unter ihrem eigenen Mikroskop Beweise dafür gesehen. (Spermien gibt es in zwei Varianten, gerade und gekrümmt. Die geraden rasen auf die Eizellen zu, die gekrümmten halten sich zurück und fangen alle folgenden Spermien ab, die möglicherweise von einem Rivalen stammen.) Evolutionspsychologen sagen uns, dass sie Vorteile hat. Untreue sollte uns also weder überraschen noch schockieren.

Skandalblätter sind jedoch keine wissenschaftlichen Zeitschriften. Woran sie Gefallen finden (und wir offenbar auch, da wir sie kaufen), ist die peinliche Situation der einen Partei und der Kummer der anderen. Die Wissenschaft ist uns zu kühl; was wir wollen, sind Blut und Heldenmut. Wir zapfen das limbische System des unglücklichen Paares an und erleben mithilfe unserer Spiegelneuronen indirekt seine Schuldgefühle und seine Wut.

Es geht nicht darum, was über einen geredet wird, sondern darum, was über einen geflüstert wird.

(Errol Flynn)

Gerüchteküche

Ob wir uns an öffentlichen Skandalen ergötzen oder nicht, in der Kneipe oder während der Arbeit können wir ihnen nicht aus dem Weg gehen. Wir haben den ganzen Tag über einen gesunden Hunger nach Klatsch und Tratsch. Das Trio von Köchen, die den Gerüchte-Eintopf zubereiten, sind unsere guten alten Freunde, die Herrschaften Vereinfachend, Unlogisch und Naiv (V.U.N.).

Vereinfachend sucht die Zutaten aus.
Unlogisch gibt die Gewürze hinzu.
Naiv kümmert sich ums Umrühren.

Lassen Sie uns ein traditionelles Gerüchte-Rezept zusammenbrauen: das »Spät abends im Büro«-Gericht oder »Keith-Lorraine«.

Vereinfachend macht den Anfang, indem er ein paar Hauptzutaten in den Topf wirft:

Einen frischen Abteilungsleiter (Keith – Unlogisch sagt: »Er hat Macht und Einfluss, das ist schmackhaft.«)

Eine scharfe Sekretärin (Lorraine - »Mmm«, sagt Unlogisch, »sie ist das Treibmittel.«)

Drei Terminfristen (»Die Marinade«, sagt Unlogisch. Keith und Lorraine müssen bei der Vorbereitung einer Werbekampagne eng zusammenarbeiten.)

Lassen Sie Keith und Lorraine einfach drei Wochen lang in der Marinade. Während dieser Zeit sind sie oft bis spätabends im Büro, um die Kampagne auszuhecken.

Fügen Sie eine Garnierung hinzu; Keith hat sich in letzter Zeit häufig mit seiner Frau gestritten. Bei der Arbeit wirkt er allerdings ziemlich glücklich. Der Eintopf verdickt sich hervorragend.

Eines Tages verkündet Lorraine, dass sie schwanger ist. Die fehlende Zutat! Naiv rührt um, probiert und kommt zu dem Schluss, dass das Gericht fertig ist und serviert werden kann. Das wunderbar einfache Rezept wird die Bürobelegschaft wochenlang mit Gerüchten sättigen.

Der Versuch, ein Gerücht zu entkräften, ist dasselbe, als wollte man eine Glocke entläuten.

(Shana Alexander)

Würzen des Gerichts

Keith-Lorraine wird am besten mit etwas Soße serviert und darf nicht nachgesalzen werden. Die geheime Zutat ist Geheimnistuerei. Nichts verleiht ihm mehr Pfiff als strengste Vertraulichkeit. Jedes Mal, wenn es aufgetischt wird, ist der Geschmack noch exotischer, die Konsistenz noch freier von unangenehmen Klumpen (wie der Tatsache, dass Lorraine glücklich verheiratet ist und allgemein bekannt ist, dass sie und ihr Ehemann versucht haben, Nachwuchs zu produzieren). Also darf es niemand erfahren. »Du musst versprechen, es keiner Menschenseele weiterzuerzählen!« Dieser Zusatz verleiht dem Gerücht Flügel.

Was wäre, wenn Keith oder Lorraine das Gerücht entdecken würden? Das wäre genauso schlimm, als würde man bei einem

Soufflee die Ofentür öffnen – die ganze Hitze würde entweichen, und das Gericht würde zusammensacken und seinen Geschmack vollständig verlieren. Niemand würde es schlucken.

Um Fehler und Bedauern zu vermeiden, sollte man immer seine Ehefrau zurate ziehen, bevor man sich auf einen Flirt einlässt.

(E. W. Howe)

Angst vor Untreue

Zwischen Männern und Frauen besteht ein Unterschied, was ihre Angst vor Untreue betrifft. Umfragen zufolge machen sich Frauen vorwiegend Sorgen, dass ihr Partner eine emotionale Bindung eingehen könnte, ganz egal, ob sie mit Sex verbunden ist oder nicht. Männer machen sich vorwiegend Sorgen, dass ihre Partnerin mit einem anderen Mann intim werden könnte, unabhängig davon, ob sie dabei eine emotionale Bindung eingeht oder nicht. Dieser Unterschied hat eine tiefere Ursache. Männer haben Angst davor, dass ihre Partnerin bei einem Seitensprung eine Schwangerschaft riskieren könnte, da sie Wert darauf legen, ihre eigenen Kinder großzuziehen, und keine Zeit dafür verschwenden möchten, sich um die Kinder eines anderen zu kümmern. Die Hauptangst von Frauen besteht darin, dass ihr Ernährer nicht zur Stelle sein könnte, weil sein Herz einer anderen gehört.

Ist dieser Unterschied auf die äußeren Umstände zurückzuführen, oder handelt es sich um einen grundlegenden Gegensatz zwischen Männern und Frauen? Untersuchungen haben ergeben, dass die Angst der Frau nicht abnimmt, wenn sie ein eigenes Einkommen hat, und dass die Angst des Mannes nicht weniger wird, wenn seine Partnerin verhütet. Das lässt vermuten, dass der Unterschied tief verwurzelt ist, sich vor langer Zeit entwickelt hat und auch nicht in absehbarer Zeit verschwinden wird.

Zweifel sind grausamer als die schlimmsten Wahrheiten.

(Molière)

Eifersucht I

Eifersucht ist die Kehrseite der Liebe. Geschichten über Eifersucht, Gewalt und blutige Rache sind so zahlreich, dass sie die Buchhandlungen bereits seit Jahrhunderten füllen und auch noch jahrhundertelang füllen werden. Was für menschliche Katastrophen dort zu finden sind! Was für Verbrechen aus Leidenschaft! Menschen töten die Person, die sie lieben, *weil* sie sie lieben. Angesichts solcher Eifersuchtstaten fragen sich viele: »Warum hat er zugelassen, dass seine Gefühle mit ihm durchgehen?«, oder: »Warum hat sie nicht vernünftiger reagiert?« Wäre Eifersucht doch nur heilbar. Doch sie ist die Kehrseite der Liebe. Wenn man der Eifersucht den Garaus machen könnte, würde auch die Liebe sterben, denn beide werden von denselben Hormonen genährt.

Falls wir alle bei der Wahl unserer Partner durch und durch vernünftig wären, würden wir den passendsten Partner aus dem verfügbaren Angebot auswählen. Auf schön systematische Weise, anhand von Bewerbungsformularen, Kontoauszügen und medizinischen Gutachten, würden wir uns für den Menschen entscheiden, der nach der Paarungsformel auf Seite 74 die meisten Punkte erzielt (da er in derselben Gegend wohnt, denselben kulturellen Hintergrund, dasselbe Einkommen, dieselbe Religion, dieselbe Handgelenksbreite, dieselbe Mittelfingerlänge und denselben Augenabstand hat und uns in wichtigen Punkten an unsere Eltern erinnert). Am Schluss könnte man die Punkte addieren und den Gewinner heiraten, ohne einen Funken Leidenschaft verschwendet zu haben.

Das Problem daran ist, dass wir Jahre später, wenn wir jemanden kennen lernen, der besser qualifiziert scheint, womöglich unseren langjährigen Partner und unsere Kinder verlassen werden, um mit dem neuen, besser geeigneten Partner noch einmal von vorne anzufangen. Das wäre streng genommen die vernünftigste Entscheidung. Für vernunftgesteuerte Menschen stellt eine Bindung demnach ein Problem dar. Unvernünftige Liebe ist das, was zwei Menschen zusammenschweißt und was den Schmerz verursacht, wenn sie sich wieder trennen. Wer nicht eifersüchtig ist, war von Anfang an nicht verliebt. So ist das Leben.

> **Liebe blickt durch ein Teleskop, Eifersucht durch ein Mikroskop.**
>
> *(Josh Billings)*

Eifersucht II

In Krisenzeiten scheint man übermenschliche Kräfte zu entwickeln. Es kursieren zahlreiche Geschichten über Menschen, die im Kampf außerordentliche Kraft unter Beweis gestellt oder mit einer blitzschnellen Reaktion ihr Kind gerettet haben. Liebe und Eifersucht sind – hormonell betrachtet – ebenfalls »Krisen«. Sowohl Liebe als auch Eifersucht sorgen dafür, dass die Neuronen des Gehirns unter anderem mit dem »Beschleuniger«-Hormon

Adrenalin geflutet werden, sodass in beiden Fällen die Wahrnehmung geschärft wird. Im Fall von Liebe sieht der Betroffene leuchtendere Farben, hört vollere Klänge und nimmt von seinem Partner nur das Beste wahr. Im Fall von Eifersucht stellt man plötzlich fest, dass man wie Superman über ungeahnte Fähigkeiten verfügt: über einen Röntgenblick, ein extrem empfindliches Gehör und die Gabe, Gedanken zu lesen. Das eifersüchtige Auge erspäht unerkennbare Veränderungen in der Körpersprache, und das eifersüchtige Ohr hört winzige Nuancen in der Ausdrucksweise, die auf Schuldgefühle hindeuten.

Ein verringerter Serotoninspiegel führt unweigerlich zu obsessiv-zwanghaftem Verhalten. Jedes Detail unseres Partners wird mit forensischer Gründlichkeit analysiert. Für denjenigen, der unter die Lupe genommen wird, kann das überaus beunruhigend sein. Diese Beunruhigung wird natürlich wahrgenommen und macht Superman noch argwöhnischer, da sie den Eindruck erweckt, man hätte etwas zu verbergen. Das beunruhigt einen noch mehr, und es entsteht eine so genannte »Feedback-Schleife«, die nur eine Richtung kennt. Die nächsten Tage werden hart.

Schande über dich, wenn du mich einmal zum Narren hältst; Schande über mich, wenn du mich zweimal zum Narren hältst.

Verdächtigungen

Nachdem die Affäre entdeckt und der Rivale abgewehrt wurde, schalten die Liebesprozesse in den Rückwärtsgang. Die Fantasie, die unsere Liebe angetrieben hat, die uns ermöglicht hat, nur das Gute in unserem Partner zu sehen, ist verschwunden und durch eine völlig andere Fantasie ersetzt worden: Der ehemals Liebende verwandelt sich in einen Polizisten, der versucht, das nächste Verbrechen aufzudecken, bevor es überhaupt geschehen ist. Der oder die Verurteilte wird jetzt wesentlich schärfer beobachtet, ob er oder sie es weiß oder nicht.

Die drei V.U.N.-Schwestern sind ständige Begleiterinnen der verletzten Ehefrau. Vereinfachend, Unlogisch und Naiv arbeiten jetzt an einer anderen Kampagne. Anstatt alles durch die rosafarbene Linse eines Teleskops zu betrachten, blicken sie nun durch die dunkle Röhre eines Mikroskops und entdecken in jeder Zuckung und jeder Nuance ein Verdachtsmoment. Vereinfachend weiß jetzt, dass alle Männer nur auf das Eine aus sind. Unlogisch nimmt an, dass es sich bei allen seinen Unterhaltungen mit dem anderen Geschlecht um Flirts handelt. Naiv vermutet, dass die beiden gerade bei der Sache sind, wenn sie ihn anruft und er nicht sofort abhebt. Krankhafte Eifersucht veranlasst Frauen, die Taschen ihrer Männer regelmäßig zu durchstöbern und ihre Post heimlich zu durchforsten. Falls er ein Wort benutzt, das er noch nie gebraucht hat, beginnen die

Hunde des Zweifels zu bellen: Wo hat er das aufgeschnappt? Männer sind dagegen sei jeher berüchtigt dafür, ihre Frauen einzusperren, sie zu missbrauchen und zu schlagen und natürlich auch für Morde aus Eifersucht. Es fällt schwer, sehr schwer, dabei noch von Liebe zu sprechen.

> **Hass ist bei Weitem das längste Vergnügen;**
> **Der Mensch liebt in Eile, doch er hasst mit Weile.**
>
> *(Lord Byron)*

Posttraumatische Belastungsstörung

Wenn sich ein Paar »trennt«, lässt sich die physische Trennung leicht vollziehen, während der mentale Prozess wesentlich langsamer vonstatten geht. Man besitzt jetzt zwei völlig verschiedene Arten von Emotionen für all das, was man miteinander geteilt hat: Freunde, Angehörige, Weihnachtsfeste ... Die Liste ist lang nach all den Jahren. Bei der einen Art von Gefühlen handelt es sich um Freude, bei der anderen um Schmerz. Wie sollte man Dinge in Erinnerung behalten? Das Gehirn ist verwirrt und kommt zu einem qualvollen Ergebnis. Man leidet unter einer abgeschwächten Form von posttraumatischer Belastungsstörung (PTBS).

(Um ein Beispiel aus einem anderen Bereich heranzuziehen, bestehen Parallelen zu einfachen Schwindelgefühlen, die sich einstellen, wenn man sich zu oft um die eigene Achse gedreht hat. Wenn die Informationen von den Gleichgewichtsorganen im Mittelohr mit den Informationen von den Augen in Konflikt geraten – die einen sagen, dass man sich noch immer dreht, während die anderen das Gegenteil behaupten –, sorgt das für ein Übelkeitsgefühl. Bei PTBS kollidieren gegensätzliche Emotionen im Gehirn und verursachen noch schwieriger zu bewältigende Widersprüche.)

PTBS äußert sich in Ruhelosigkeit, Schlaflosigkeit, plötzlichen Stimmungsschwankungen, Depressionen und Albträumen. Es werden Stresshormone ausgeschüttet, und die Besorgnis wächst. Der Verstand muss den Sinn des Ereignisses begreifen, und dazu schreibt er die ganze Geschichte um ...

Nichts verankert etwas so tief im Gedächtnis wie der Wunsch, es zu vergessen.

(Montaigne)

Das Umschreiben der Vorgeschichte

Erinnerungen sind nicht so dauerhaft fixiert, wie man meinen möchte, sondern können im Licht neuer Informationen umgeformt werden. Der riesige Blumenstrauß, den er Ihnen geschenkt hat, wurde in der Erinnerung nicht nur als eine Ansammlung von duftenden Pflanzen gespeichert, sondern auch als Anlass zur Freude und als Symbol der Hingabe. Tja, das muss jetzt noch einmal überdacht werden, nicht wahr? Er war gerade von einem spätabendlichen Schäferstündchen mit dieser Frau zurückgekommen. Das war nicht Hingabe, sondern schlechtes Gewissen.

Jetzt ist alles anders. Das Gehirn hat eine Menge zu tun. Offenkundig muss die gesamte Datenbank umbenannt werden. Alle seine Nettigkeiten waren unecht. Und die Geschenke? Bestechung! Die Arbeit in Ihrem Gehirn geht die ganze Woche weiter, rund um die Uhr, daher auch die schrecklichen schlaflosen Nächte. Sie schreiben die gesamte Vorgeschichte um.

Etwas an der neuen Vorgeschichte funktioniert allerdings

nicht. Sie möchten ihn zum Teufel in Person rekonfigurieren, doch Ihnen fällt ein, dass Ihr Satan eigentlich meistens rücksichtsvoll, oft großzügig, witzig und bei allen Ihren Freundinnen beliebt war – nur ein wenig zu beliebt bei einer von ihnen, das ist alles. Diese Widersprüchlichkeiten sind es, die Sie am längsten wach halten. Irgendwann müssen Sie sie lösen, damit die Geschichte, die Sie sich selbst erzählen, in sich konsistent wird, wenn auch auf Kosten der Wahrheit. Vielleicht ist er ja doch ein Unschuldiger, der von einer durchtriebenen Hexe verführt wurde. Vielleicht hat er Sie nie geliebt, und Sie waren zu sehr damit beschäftigt, ihn zu lieben, um das zur Kenntnis zu nehmen. Vielleicht – oh, Schreck – war alles Ihre Schuld.

Die Mauern, die wir um uns errichten, um Traurigkeit abzuwehren, halten auch Freude fern.

(Jim Rohn)

Rückzug

Nach dem Ende einer Beziehung droht die Gefahr, dass Sie sich von der Welt zurückziehen. Die Rolle des Gehörnten bringt das Stigma mit sich, zweite Wahl zu sein und außerdem aus zweiter Hand. Mit Ihrem Selbstwertgefühl geht es womöglich steil bergab, und Ihr Urteilsvermögen hat eine heftige Abreibung bekommen. Selbstschutz bewahrt Sie vor weiteren Verletzungen; Sie können Schmerz vermeiden, indem Sie anderen Menschen aus dem Weg gehen, doch das ist nicht der richtige Weg zur Genesung. Sie sollten die Gesellschaft von Menschen suchen, die Ihnen nahestehen. Ihre Angehörigen und Freunde spenden Ihnen Trost. Die beste Rache ist, gut zu leben, wie es im Talmud heißt. Freunde und Angehörige, das sind die Bande, die Sie hatten, bevor Sie die Bindung eingegangen sind, die Sie jetzt wieder verloren haben. Ihre Angehörigen und Freunde können dank ihrer Spiegelneuronen Anteil an Ihrer Trauer nehmen. Selbstverständlich werden sie Ihnen sagen, dass es noch viele andere Fische im Meer gibt. Und sie haben recht, auch wenn Sie nicht in der Stimmung sind, schon wieder die Angel auszuwerfen.

Doch Ihre Zukunft liegt ohnehin nicht in Ihrer Hand, sondern bei Ihren Instinkten. Die evolutionäre Kraft, die Sie so weit gebracht hat, braucht nicht lange, um wieder das Steuer zu übernehmen. Das Bedürfnis nach Sex ist letzten Endes stark genug, um Sie wieder auf den Markt zu treiben. Und dort werden Sie jemanden finden, der Sie für etwas ganz Besonderes hält.

9. Der Kreis schließt sich

Eine zweite Heirat ist der Triumph der Hoffnung über die Erfahrung.

(Samuel Johnson)

Noch einmal von Anfang an

Wenn Menschen sich wieder für die Liebe öffnen, machen sie merkwürdigerweise oft alles genauso wie beim letzten Mal. Wie die Prinzessin, die seit Jahren erfolglos Frösche küsst und dann zu dem Schluss kommt, dass es das Beste sei, auch weiterhin Frösche zu küssen, entscheiden sich Menschen häufig erneut für die Art von Partner, die sich schon beim letzten Mal als Katastrophe erwiesen hat. Wenn dieser Fall eintritt, können wir der Liste unbewusster Auswahlkriterien auf Seite 71 die Schuld dafür geben. Man wird dazu getrieben, abermals nach den gleichen Merkmalen zu suchen. Was kann einen davon abhalten, noch einmal denselben Fehler zu begehen? Nichts. Die Geschichte wiederholt sich immer wieder.

In Extremfällen kann das ziemlich beunruhigende Dimensionen annehmen: Die Ex-Frau eines gewalttätigen Trunkenboldes wirft alle seine Habseligkeiten auf die Straße, lässt die Türschlösser austauschen, besorgt sich eine richterliche Verfügung, um ihn daran zu hindern, seine Bierflaschen durchs Fenster zu werfen, und fängt ein neues Leben an. Ihre Freundinnen atmen erleichtert auf, trauen dann jedoch ihren Augen nicht, als sie ihnen ihren neuen Freund vorstellt, einen geselligen, extrovertierten Typen, der genau weiß, was er will – mit anderen Worten, einen gewalttätigen Trunkenbold.

> **Nur wenige Dinge sind befriedigender, als zu erleben, dass die eigenen Kinder selbst Teenager haben.**
>
> *(Doug Larson)*

Wir alle wünschen uns Kinder. Mädchen haben schon mit drei Jahren einen Kinderwunsch, mit dreizehn einen starken Kinderwunsch und mit dreißig einen verzweifelten Kinderwunsch. (Diese Aussage mag verallgemeinernd sein, aber wer ein dreijähriges Mädchen mit seiner Puppe beobachtet, dem wird bewusst, dass Mutterschaft kein Zufall ist.) Wenn Frauen dann eines Tages tatsächlich ein Kind bekommen, entdecken sie diese natürlichen Bande aufs Neue, da beim Stillen Oxytocin ausgeschüttet wird. Doch auch der Vater knüpft zarte Bande mit dem Baby und fühlt sich wieder stärker mit der Mutter verbunden. Über die Familie legt sich ein hormoneller Nebel, an den sich die Eltern noch aus der Zeit erinnern, als sie sich kennen und lieben gelernt haben.

Jetzt müssen Sie Ihr Kind nur noch aufziehen…

Erinnern Sie sich noch an Ihre nutzlosen Eltern? Hoffentlich haben Sie deren Telefonnummer nicht weggeworfen, denn jetzt brauchen Sie ihre Hilfe. Das Baby macht Probleme und schreit rund um die Uhr. Sie sind todmüde, Ihr Partner arbeitet Doppelschichten, um mehr Geld zu verdienen, und ist leicht reizbar, wenn er nicht gerade schläft. Gott sei Dank können Ihre Eltern als Babysitter einspringen.

Zehn Jahre später brauchen Sie Ihre Eltern noch immer. Ihrem Liebling gefällt es, ab und zu eine Woche bei Oma und Opa zu verbringen, was toll ist, denn dann bekommen Sie eine Verschnaufpause. Eigentlich scheint Ihr Liebling die Gesellschaft seiner Großeltern sogar mehr zu genießen als die Ihre. Um ehrlich zu sein, schätzt er Sie Ihrer Meinung nach ohnehin nicht so, wie er sollte, angesichts der vielen Opfer, die Sie für ihn bringen.

Fünf Jahre später hält Sie Ihr Liebling für das Allerletzte, der undankbare Fratz. Er wandelt durchs Haus – durch Ihr Haus, nicht seines –, murmelt dabei zusammenhangloses Zeug vor sich hin, lässt überall schmutzige Socken fallen und geht abends aus, ohne zu sagen, wohin, zumindest nicht in irgendeiner Sprache dieser Erde. Weiß Gott, was er eigentlich treibt, aller Wahrscheinlichkeit nach ist es jedoch illegal oder unmoralisch.

Was ist in diesem Land los? Als Sie jung waren, hätte es so etwas nicht gegeben, oder?

Warum haben Ihre Eltern in letzter Zeit dieses unbewegliche Grinsen im Gesicht, wenn Sie zu Besuch kommen?

Schlusswort

Murphys Gesetz wurde ursprünglich als vorbeugendes Mantra in einem amerikanischen Crashtest-Labor entwickelt, um sicherzustellen, dass jede Schraube, jede Mutter und jede Niete an den Testgeräten geprüft und nochmals geprüft wurden.

Was schiefgehen kann, wird auch schiefgehen.

Die Belegschaft wiederholte diesen Satz immer wieder, während sie dafür sorgte, dass nichts schiefgehen konnte. Zwischenmenschliche Beziehungen sind zu leidenschaftlich, als dass man sie festzurren oder festschrauben könnte. Sie können entgleisen, in die Sackgasse führen oder einen in den siebten Himmel bringen. Und wenn sie schiefgehen, tun sie das mit Pauken und Trompeten.

Es ist die Liebe, die seit der Zeit der ersten Bakterien dafür sorgt, dass sich die Welt weiterdreht. Ob es sich um unsere menschliche, verträumte und schmalzige Variante handelt, um die eine exquisite Sekunde der griechischen Nacktschnecke *Deroceras gorgonium* oder um die einfache Verbindung zweier Amöben – die Liebe ist seit jeher eine elementare Naturgewalt und wird es auch bleiben, bis die Erde mit der Sonne verschmilzt.

Was wir wirklich von unserem Partner erwarten, ist vollkommen klar. Frauen wünschen sich einen Mann, der hart und zugleich weich ist, der gebieterisch, aber dennoch kompromissbereit ist, der sich rar macht und dennoch immer zur Stelle ist, wenn er gebraucht wird, und der trotz seines tollen, gut bezahlten Jobs viel Zeit für die Kinder hat.

Männer wünschen sich eine Frau, die attraktiv ist, aber nicht für andere Männer, die durch und durch Mutter ist und ihre Kinder vergöttert, aber in ihrer Freizeit beruflichen Erfolg hat, und die Geschick im Umgang mit Geld und Zeit hat... aber nicht zu viel.

Viel Spaß bei der Suche. Dabei wird jeder fast immer scheitern, trotzdem werden hoffentlich alle immer etwas dazulernen. Die meisten werden irgendwann auch einmal gewinnen. Und denken Sie daran:

> **Wer nicht mit dem Menschen zusammen sein kann, den er liebt, sollte den Menschen lieben, mit dem er zusammen ist.**
>
> *(Stephen Sills)*

Anhang 1

Die Evolution der Emotionen

Niemand kennt das genaue Alter der Menschheit, aber alle sind sich einig, dass sie alt genug ist, um es besser zu wissen.

Ein Gefühl ist eine treibende Kraft, die von Hormonen verursacht wird. Beispiele dafür sind der Ekel, den man empfindet, wenn man an saurer Milch schnuppert, oder das plötzliche Hungergefühl, das man verspürt, wenn man frisch gebackene Blaubeer-Muffins mit Sahne riecht. Die Cyanobakterien im Archäikum hatten bescheidenere Vorlieben und Gelüste. Schließlich waren sie die Ersten, die ungefähr dreieinhalb Milliarden Jahre vor der Evolution des Muffins auf der Party eintrafen, und damit die erste Lebensform auf diesem Planeten. Nichtsdestotrotz waren diese einfachen Einzeller in der Lage, sich von Giftstoffen im Wasser zu entfernen und sich zum Licht hin zu bewegen. Man kann zwar nicht behaupten, dass die Giftstoffe sie »anekelten« oder dass sie sich nach Licht »sehnten«, doch sie verhielten sich, als sei dem so. Ihre treibenden Kräfte waren die Vorgänger unserer Emotionen, und die chemischen Stoffe, die ihr Handeln verursachten, waren die Vorfahren unserer Hormone.

Teamwork

Diese Proto-Hormone erwiesen sich nach der Erfindung von Teamwork als wunderbar vielseitig. Ein Zeitgenosse der Cyanobakterien entwickelte die Fähigkeit zur Zusammenarbeit. Eine einzellige Amöbe mit dem poetischen Namen »Schleimpilz« oder *Dictyostelium* hat bis in die heutige Zeit überlebt und ist auf Felsen oder Baumstümpfen zu finden, die sie mit einer dünnen schleimigen (daher der Name) Schicht bedeckt. Zur Familie der Schleimpilze gehören über 100000 verschiedene Amöbenarten. Jede Amöbe ist autonom und reagiert wie Cyanobakterien auf chemische Veränderungen in ihrer Umgebung, indem sie unangenehme Bedingungen meidet und sich in eine attraktivere Umgebung bewegt. Manchmal kommt es allerdings zu beträchtlichen Veränderungen der Umgebung, auf die sich Cyanobakterien nicht einstellen können. Dann hält die gesamte Amöbenkolonie plötzlich inne, als hätte jede ein Signal von einer Art zentralen Schaltstelle empfangen, und alle bewegen sich in Richtung Zentrum der Kolonie. Die Amöben formen ein langes, schneckenähnliches Gebilde, das als Pseudoplasmodium bezeichnet wird. Diese Schnecke zeigt jetzt deutliche Anzeichen von Persönlichkeit. Sie wandert auf der Suche nach Nahrung über den Felsen, und wenn sie keine finden kann, machen die Amöben, aus denen sich die Schnecke zusammensetzt, abermals gemeinsame Sache, bilden einen Stängel und sondern Sporen ab. Für all das gibt es keine zentrale Schaltstelle – kein Gehirn. Erreicht wird es allein dadurch, dass die Amöben chemische Signale abgeben.

Mehrzellige Organismen

Alle Amöben in einem Schleimpilz sind gleich – genau genommen sind alle Klone voneinander, sodass ein gewisses Maß an Harmonie zu erwarten ist. Kommt dasselbe chemische Signalsystem auch in komplexeren Tieren zurecht? Die nächste Stufe auf der Leiter zum überaus raffinierten Lebewesen Mensch stellt der Schwamm dar.

Schwämme erschienen zwei Milliarden Jahre nach den Cyanobakterien und den Schleimpilzen auf der Bildfläche (vor ungefähr anderthalb Milliarden Jahren). Bei ihnen handelt es sich um Kolonien aus bis zu neun verschiedenen Spezies, von denen jede über bestimmte Fähigkeiten verfügt. Die Kombination ihrer Fähigkeiten macht den Schwamm zu einem überaus effizienten Lebewesen. Sclerocyten bilden zum Beispiel verhärtete Stacheln, die der Stabilität und der Verteidigung dienen, Porocyten lassen Wasser eindringen, und auf der Oberfläche des Schwammes befinden sich Choanocyten mit einem peitschenartigen Fortsatz, der Nahrung in den Schwamm fächert. Choanocyten bei der Arbeit zu beobachten, ist beeindruckend. Sämtliche Fortsätze bewegen sich synchron wie die Beine eines Tausendfüßlers, obwohl es keine zentrale Schaltstelle gibt. Wenn man den Schwamm in einem Mixgerät bearbeitet, verwandelt sich der entstandene Brei wieder in einen voll funktionstüchtigen Schwamm. Die Zellen befinden sich in einer neuen Anordnung, arbeiten jedoch alle in vollkommener Harmonie mit ihren Nachbarn. Für die Koordination sorgt ein einfaches chemisches Signal, das wie beim Schleimpilz von Zelle zu Zelle wandert.

Das Gefühlsleben von Schwämmen

Wie viel Gefühl lässt sich einem Schwamm entlocken? Wir haben ihn soeben liquidiert, doch er hat nicht vor Schmerzen geschrien, aus Wut zugebissen oder Reißaus genommen. Keine Emotionen, möchte man meinen. Doch die chemischen Signale, die die Choanocyten steuern, sind entfernte Cousins der chemischen Signale, die uns dazu bringen, dass wir uns verlieben. Die Grundbedürfnisse des Schwamms – sich zu ernähren, Unannehmlichkeiten zu vermeiden und Nachwuchs zu produzieren, indem er Spermien und Eizellen ins Wasser abgibt – ähneln den menschlichen Grundbedürfnissen: Ernährung, Rivalität, Flucht und Geschlechtsverkehr. Und die Proto-Hormone kontrollieren das Ganze auf dieselbe Art und Weise wie moderne Hormone. Emotionen und die Hormone, die sie auslösen, gibt es in der einen oder anderen Form seit Anbeginn des Lebens.

Das Gehirn

Auf dem Gebiet der Hormone galt es noch einen bedeutenden Fortschritt zu machen. Chemische Signale sind nämlich recht willkürlich. Sie zerstreuen sich in alle Richtungen, und das auch noch ziemlich langsam. Die Evolution eines Nervensystems brachte das Tierreich einen riesigen Schritt weiter. Von nun an konnten die Hormone ihre Instruktionen schneller und gezielter aussenden. Es war eine Qualle, die vor ungefähr sechshundert Millionen Jahren als Erste mit Nerven aufwarten konnte, und sie kam weit herum, dank ihres quallenweiten Netzes, das sie zu einer Art Stretchlimousine des Kambriums machte. Doch das war noch längst nicht alles. Nerven erwiesen sich als eine derart gute Idee, dass sie ständig weiterentwickelt wurden: zu

Augen, Ohren, Tastsensoren und schließlich zu Gehirnen, die alles koordinierten – mit anderen Worten zu einem vollständigen Nervensystem, das allerdings noch immer von den Hormonen kontrolliert wurde, die den Stein ins Rollen gebracht hatten. Im modernen Gehirn sitzen die Hormone im Kontrollraum im Zentrum (dem limbischen System), und der Rest des Gehirns befindet sich in Warteposition, um ihre Befehle auszuführen.

Voneinander getrennte Tiere

Der nächste bedeutende Fortschritt war eigentlich ein Schritt in mehrere Richtungen zugleich. Tiere waren in der Lage, chemische Signale ins Wasser abzugeben, die in die neumodischen Geruchsorgane ihrer Artgenossen trieben und diese veranlassten, genau wie ihre Vorfahren, die *Dictyostelia*, den Kurs zu ändern. Nachdem sich Augen, Gehör und Seitenlinien (zur Wahrnehmung des Wasserdrucks oder elektrischer Signale) entwickelt hatten, wurde es sogar möglich, das Verhalten Tausender von ihnen über riesige Entfernungen hinweg zu koordinieren. Das Ergebnis ist heute überall zu sehen: Fischschwärme, Vogelscharen, Löwenrudel etc. Und natürlich Menschensippen. Warum ist es von Vorteil, sich zu einer Gruppe zusammenzuschließen? Aus demselben Grund, warum es auch für Schleimpilze vorteilhaft war: Es hilft beim Vorankommen, bei der Jagd, bei der Fortpflanzung, bei der Verteidigung gegen Feinde und beim Vertilgen von Muffins.

Für uns Menschen hat Teamwork einen extrem hohen Stellenwert. Wir bedienen uns unserer Spiegelneuronen (siehe S. 18 f. und 103 ff.), um akustische und visuelle Signale auszusenden und zu empfangen. Darüber hinaus signalisieren wir auch unbewusst durch Körpersprache, Mimik, HLA-Moleküle (siehe S. 95 ff.), Pheromone (siehe S. 92 ff.) und eine Vielfalt anderer Gerüche, die von der Wissenschaft erst noch gründlich erforscht werden müssen. Wir beobachten, wir hören zu, wir riechen, und wir modifizieren. Das ist das Vermächtnis der Hormone.

Anhang 2

Murphys Gesetze der Liebe

Einleitung

Was schiefgehen kann, wird auch schiefgehen.

1. Rollen, neigen und gieren

Nennen Sie es Clan, nennen Sie es Netzwerk, Sippe, oder Familie – wie auch immer Sie es nennen, wer auch immer Sie sind, Sie brauchen es.

Ich muss meinen Stammbaum nicht erforschen, da ich weiß, dass ich sein Ableger bin.

Wir sind von unüberwindlichen Gelegenheiten umgeben!

Die Gewohnheit heißt uns in der Wiege willkommen und verlässt uns erst im Grab.

Ein Junge wird drei Jahre, bevor seine Eltern ihn für volljährig halten, und ungefähr zwei Jahre, nachdem er sich selbst für volljährig hält, erwachsen.

Mein Leben hat eine ausgezeichnete Rollenbesetzung, aber die Handlung verstehe ich nicht.

Jugend ist das Stadium zwischen Kindheit und Ehebruch.

Wer eine Katze am Schwanz trägt, lernt etwas, das er auf keine andere Weise lernen kann.

Erfahrung ist die Bezeichnung, die jeder seinen Fehlern gibt.

Versuche es noch einmal. Scheitere noch einmal. Scheitere besser.

2. Männer und Frauen: auf Kriegsfuß

Frauen, die bestrebt sind, Männern ebenbürtig zu sein, mangelt es an Ehrgeiz.

Frauen haben viele Fehler, Männer dagegen nur zwei: Alles, was sie sagen, und alles, was sie tun.

Die Welt lässt sich in zwei Sorten von Menschen unterteilen: in diejenigen, die die Welt in zwei Sorten von Menschen unterteilen, und in diejenigen, die es nicht tun.

Drei Weise – soll das ein Witz sein?

Reiche einer Frau den kleinen Finger, und sie nimmt das ganze Land.

Der einzige Unterschied zwischen Jungs und Männern ist der Preis ihrer Spielzeuge.

Was nicht mit Klebeband oder Mehrbereichsöl behoben werden kann, ist ein Frauenproblem.

Jede Frau hat unrecht, bis sie anfängt zu weinen – dann hat sie recht, und zwar sofort.

Selbstverständlich hat Gott zuerst den Mann erschaffen und dann die Frau, doch man fertigt immer zuerst eine grobe Skizze an, ehe man sich an das endgültige Meisterwerk macht.

Streite dich nie mit einer Frau, wenn sie müde ist – oder ausgeruht.

Was auch immer Frauen tun, müssen sie doppelt so gut wie Männer machen, um für halb so gut wie sie gehalten zu werden. Glücklicherweise ist das nicht schwierig.

Zumindest in einer Hinsicht sind Frauen und Männer sich einig: Beide misstrauen Frauen.

Sowohl Männer als auch Frauen misstrauen Männern.

In der Schlacht der Geschlechter wird es niemals einen Sieger geben – dazu findet einfach zu viel Verbrüderung mit dem Feind statt.

3. Partnersuche mit Hindernissen

Mode ist etwas, das man sich zu eigen macht, wenn man nicht weiß, wer man ist.

Wenn man den Menschen freie Hand lässt, imitieren sie sich in der Regel gegenseitig.

Natürlichkeit ist eine Pose, die sich nur schwer auf Dauer beibehalten lässt.

»Erkenne dich selbst?« Wenn ich mich erkennen würde, liefe ich davon.

Schlichte Frauen wissen mehr über Männer als schöne Frauen.

Wenn du die Fehler einer Frau herausfinden möchtest, dann lobe sie vor ihren Freundinnen.

Wenn man sich zum ersten Mal ein Haus anschafft, sieht man, wie hübsch es angestrichen ist, und kauft es. Beim zweiten Mal sieht man nach, ob es im Keller Termiten gibt. Mit Männern ist es dasselbe.

Intelligenz ist von Vorteil, wenn man sie verbirgt.

Männer lassen die Finger von schlauen Frauen.

Schönheit ist nur oberflächlich, Hässlichkeit geht durch und durch.

Wenn die Natur gewollt hätte, dass man unser Skelett sieht, hätte sie es außen am Körper angebracht.

Tell me, tell me, tell me why, I want to know the fact: why all the black people want to go white and the white people want to go black? (»Sagt mir warum, denn ich will es wissen: Warum wollen alle Schwarzen weiß sein und alle Weißen schwarz?)

Liebe ist ein dringliches Begehren, das man dringlich begehrt.

4. Auf Herz und Nieren

Man sollte sich nie zu sehr davon beeindrucken lassen, wie jemand von hinten aussieht.

Sexappeal besteht zu fünfzig Prozent aus dem, was man zu bieten hat, und zu fünfzig Prozent aus dem, was andere bei einem vermuten.

Verhalte dich still, dann werden dich andere für einen Philosophen halten.

Bis man seinen hübschen Prinzen findet, muss man eine Menge Frösche küssen.

Es ist schon erstaunlich, wie durchgängig der Trugschluss ist, Schönheit sei mit Güte gleichzusetzen.

Intelligenz x Attraktivität x Verfügbarkeit = 0

Macht ist das stärkste Aphrodisiakum.

Mein Problem besteht darin, meinen unbescheidenen Lebenswandel mit meinem bescheidenen Einkommen in Einklang zu bringen.

If you feel romantic, laddy, let me warn you from the start that my heart belongs to daddy and my daddy belongs to my heart. (»Falls du romantische Absichten hast, mein Freund, dann lass mich dich gleich zu Beginn warnen, dass mein Herz meinem Daddy gehört und mein Daddy in meinem Herzen Platz hat.«)

Man sollte versuchen, keine Erfahrung auszulassen, bis auf Inzest und Volkstanz.

Vertrautheit schürt Verachtung.
Ich ziehe es vor, ins warme Wasser zu springen, denn davon wird man wenigstens sauber.

5. Vorsicht, Rutschgefahr!

Liebe ist nur ein schmutziger Trick, um das Fortbestehen der Menschheit zu sichern.
Zwischen einem klugen Menschen und einem Dummkopf besteht kein Unterschied, sobald sie sich verlieben.
Glaubst du an Liebe auf den ersten Blick, oder muss ich noch einmal an dir vorbeigehen?
Die einzig wahre Liebe ist die Liebe auf den ersten Blick, denn der zweite Blick zerstört sie.
Das Huhn ist für das Ei nur ein Mittel zum Zweck der Fortpflanzung.
Es ärgert Frauen, (nicht) gierig angestarrt zu werden.
Es ist besser, angesehen zu werden, als übersehen zu werden.
Wenn man sie an den Eiern packt, folgen ihr Herz und ihr Verstand von alleine.
Liebe öffnet Türen und Fenster, die es zuvor gar nicht gab.
Es ist absurd, die Menschheit in gut und böse zu unterteilen. Menschen sind entweder charmant oder langweilig.
Man wird nie von dem Menschen begehrt, den man selbst begehrt.
Wir sorgen uns alle um die Bevölkerungsexplosion, aber wir sorgen uns nie im richtigen Moment darum.
Lebe schnell, stirb jung – lebe langsam, stirb trotzdem.
Vergiss die Liebe – Schokolade macht wenigstens nicht blind!
Nichts raubt Erdnussbutter so sehr den Geschmack wie unerwiderte Liebe.

Wahre Liebe heißt, jemanden in den Himmel zu heben und zur Stelle zu sein, um ihn aufzufangen, wenn er fällt.

Man liebt eine Frau nicht, weil sie schön ist, sondern sie ist schön, weil man sie liebt.

Er fühlte sich ihr jetzt nicht nur nahe, sondern wusste nicht mehr, wo er endete und wo sie begann.

Wir sind alle ein wenig seltsam, und das Leben ist ein wenig eigenartig, und wenn wir jemanden finden, dessen Seltsamkeit zu der unseren passt, tun wir uns mit ihm zusammen und verfallen in eine gemeinsame Seltsamkeit, die wir Liebe nennen.

Liebe lässt die Zeit vergehen; die Zeit lässt Liebe vergehen.

Abwesenheit schickt das Herz auf Wanderschaft.

6. Zur Sache

Sex ist erblich: Wenn Ihre Eltern keinen hatten, werden Sie vermutlich auch keinen haben.

Einem Teenager die Fakten des Lebens zu erklären, ist dasselbe, als würde man einen Fisch baden.

Ein Leben ohne Sex wäre womöglich ungefährlicher, aber auch unerträglich langweilig. Der Sexualtrieb lässt Frauen schön erscheinen, was sie nur ganz selten sind, und Männer klug und tapfer, was sie nie sind. Wenn man ihn unterdrücken, verjagen oder vernichten würde, wäre die menschliche Existenz ebenso prosaisch, mühselig, belanglos und stumpfsinnig wie das Leben in einem Ameisenhaufen.

Liebe ist eine explosive Zigarre, die wir bereitwillig rauchen.

Coito, ergo sum.

Sex: Das Vergnügen ist flüchtig, die Stellung ist lächerlich, und die Folgen sind verheerend.

Was ist der Unterschied zwischen Männern und Frauen? Eine Frau wünscht sich einen Mann, der alle ihre Bedürfnisse befriedigt, und ein Mann wünscht sich, dass alle Frauen seinem Verlangen nachgeben.

Es ist gut, einen harten Mann zu finden.

In der Literatur geht es vor allem darum, Sex zu haben, und weniger darum, Kinder zu bekommen; im Leben ist es genau umgekehrt.

Eine Nymphomanin ist eine Frau, die genauso sexbesessen ist wie ein durchschnittlicher Mann.

Das Leben im texanischen Lubbock hat mich zwei Dinge gelehrt: Zum einen, dass Gott einen liebt und dass man in der Hölle schmoren wird. Zum anderen, dass Sex die abscheulichste, schmutzigste Sache der Welt ist und dass man sie sich für jemanden aufheben sollte, den man liebt.

Der größte Unterschied zwischen bezahltem und unbezahltem Sex besteht darin, dass Sex für Geld in der Regel weniger kostet.

Geh nie mit jemandem ins Bett, der verrückter ist als du selbst.

Liebe ist eine Frage der Chemie, Sex eine Frage der Physik.

Das Herz ist in der Liebe allein dafür zuständig, den Mittelpunkt zwischen Gehirn und Lenden zu markieren.

Das Leben ist eine sexuell übertragbare Krankheit.

7. Ehe-Weisheiten

Wenn die Hochzeitsgeschenke nicht wären, würde man besser heimlich heiraten.

Es spielt nicht die geringste Rolle, wen man heiratet: Am nächsten Morgen stellt man sowieso fest, dass es jemand anderer war.

Alle Ehen sind glücklich. Es ist das Zusammenleben im Anschluss daran, das all die Probleme verursacht.

In jeder Ehe, die länger als eine Woche dauert, gibt es Gründe für eine Scheidung. Der Trick besteht darin, immer wieder Gründe für die Ehe zu finden.

Eine erfolgreiche Ehe setzt voraus, dass man sich viele Male verliebt, und zwar immer wieder in denselben Menschen.

Wie kann man von einer Frau erwarten, dass sie mit einem Mann glücklich ist, der darauf besteht, sie zu behandeln, als sei sie ein völlig normaler Mensch?

Nichts verläuft jemals in geregelten Bahnen.

Ein Vorteil der Ehe ist der, dass sie zwei Menschen, die einander nicht mehr lieben, zusammenhält, bis sie sich wieder ineinander verlieben.

8. Auf Abwegen

Monogamie lässt zu wünschen übrig.

Die Tasmanier, die niemals Ehebruch begingen, sind bekanntlich ausgestorben.

Untreue ist die Anwendung von Demokratie in der Liebe.

Auf unsere Geliebten und Ehefrauen – auf dass sie sich niemals begegnen mögen!

Mutterschaft ist eine Tatsache. Vaterschaft ist Ansichtssache.

Moralische Empörung besteht in der Regel zu zwei Prozent aus Moral, zu achtundvierzig Prozent aus Empörung und zu fünfzig Prozent aus Neid.

Es geht nicht darum, was über einen geredet, sondern darum, was über einen geflüstert wird.

Der Versuch, ein Gerücht zu entkräften, ist dasselbe, als wollte man eine Glocke entläuten.

Um Fehler und Bedauern zu vermeiden, sollte man immer seine Ehefrau zurate ziehen, bevor man sich auf einen Flirt einlässt.

Zweifel sind grausamer als die schlimmsten Wahrheiten.

Liebe blickt durch ein Teleskop, Eifersucht durch ein Mikroskop.

Schande über dich, wenn du mich einmal zum Narren hältst; Schande über mich, wenn du mich zweimal zum Narren hältst.

Hass ist bei weitem das längste Vergnügen;

Der Mensch liebt in Eile, doch er hasst mit Weile.

Nichts verankert etwas so tief im Gedächtnis wie der Wunsch, es zu vergessen.

Die Mauern, die wir um uns errichten, um Traurigkeit abzuwehren, halten auch Freude fern.

9. Der Kreis schließt sich

Eine zweite Heirat ist der Triumph der Hoffnung über die Erfahrung.

Nur wenige Dinge sind befriedigender, als zu erleben, dass die eigenen Kinder selbst Nachwuchs im Alter von Teenagern haben.

Schlusswort

Wer nicht mit dem Menschen zusammen sein kann, den er liebt, sollte den Menschen lieben, mit dem er zusammen ist.

Anhang 1: Die Evolution der Emotionen

Niemand kennt das genaue Alter der Menschheit, aber alle sind sich einig, dass sie alt genug ist, um es besser zu wissen.

Lesetipps

Die unten aufgelisteten Bücher behandeln die Themen Gefühle, Sexualität und Beziehungen wesentlich eingehender, als ich es in diesem Buch tun kann. Lesen Sie sie alle!

Simon Baron-Cohen, *Vom ersten Tag an anders – Das weibliche und das männliche Gehirn*, München: Heyne, 2006.

Patrick Bateson, Hrsg., *Mate Choice*, Cambridge: Cambridge University Press, 1983.

Susan Blackmore, *Die Macht der Meme oder die Evolution von Kultur und Geist*, München, Heidelberg: Elsevier, Spektrum, Akademischer Verlag, 2005.

Bill Bryson, *Eine kurze Geschichte von fast allem*, München: Goldmann, 2006.

Richard Dawkins, *Das egoistische Gen*, München: Elsevier, Spektrum, Akademischer Verlag, 2007.

Jared Diamond, *Der dritte Schimpanse – Evolution und Zukunft des Menschen*, Frankfurt am Main: Fischer, 1994.

Robin Dunbar, *The Human Story: A New History of Mankind's Evolution*, London: Faber and Faber, 2004.

Felipe Fernández-Armesto, *So You Think You're Human? A Brief History of Humankind*, Oxford: Oxford University Press, 2005.

Elisabeth Lloyd, *The Case of the Female Orgasm: Bias in the Science Evolution*, Cambridge, Massachusetts: Harvard University Press, 2005.

Geoffrey Miller, *Die sexuelle Evolution – Partnerwahl und die Entstehung des Geistes*, Heidelberg: Spektrum, Akademischer Verlag, 2001.
Simon Pinker, *How the Mind Works*, London: Penguin, 1999.
Robert Winston, *Human Instinct*, London: Bantam, 2002.

Die Übersetzung des Notorious-B.I.G.-Rap-Textes finden Sie unter der folgenden Internet-Adresse:

www.bizbag.com/Misc%20articles/Rap%20Lyrics%20
Translated.htm

Bildnachweis

Seite 63: © Carol Beckwith/Angela Fisher
Seite 65: The Judgement of Paris (ca. 1632–35), Ölgemälde von Peter Paul Rubens. National Gallery, London, UK/The Bridgeman Art Library

Register